北極海

世界争奪戦が始まった

石原敬浩
Ishihara Takahiro

PHP新書

はじめに

２０２２年、多くの人にとってロシアによるウクライナ侵略（以後、ウクライナ戦争と表記）は衝撃的なニュースだったと思います。21世紀にこんな戦争があり得るのか、ロシアはとんでもないことをする国だ、と感じた人も多かったでしょう。その一方、エジプトで開催されたＣＯＰ27（国連気候変動枠組条約第27回締約国会議）もニュースになりました。気候変動、地球温暖化に伴う危機が議論され、パキスタンの大洪水や欧州を襲った熱波等、リアルな危機感が世界的に高まりました。

ウクライナ戦争と温暖化による危機、この異なる要因により地政学的な緊張が急激に高まっている地域があります、それが北極海です。

「ウクライナ戦争は今後どうなる」「中国は……台湾海峡は」、という話は結構日本のメディアでも取り上げられていますが、北極海はほとんどニュースにはなりません。しかしながら世界、特に欧米では注目されている海域であり、わが国にとっても今後ますます重要になる海域です。

私は一度定年を迎えましたが、再任用され、勤務する海上自衛官です。海上自衛隊幹部学校戦略研究室の教官、階級は2等海佐、昔で言えば海軍中佐です。ご縁があって、2016年からは慶應義塾大学総合政策学部で非常勤講師を兼業、「国家と防衛」という科目を担当、そのうちの一コマで「気候変動と安全保障」という講義も実施しています。シンクタンクPHP総研と鹿島平和研究所共催の地政学を勉強する会で「北極海と安全保障」について報告したところ、「新書にどうですか」と勧めていただき、できたのがこの本です。

ということで、最初に自己紹介をさせていただきます。

昭和34年大阪生まれ。小中高と大阪市内の学校で学び、小学生の時にYMCA阿南《あなん》のキャンプに参加。初めてカッター（木造の大型ボート）を漕《こ》ぎ、キャンプファイヤーを囲みながら「船乗りの夢」を合唱。大阪府立高津高校に進学し、適度な勉強とラグビー部、そして大学受験。北海道大学水産学部、神戸商船大、防衛大学校と願書を出しましたが、防衛大学校は試験が早く、他大学入試前に合格発表。高校の先生（海軍兵学校卒）に「将来、駆逐艦の艦長か巡洋艦の航海長になりたいのですが」と相談したところ、「それなら防大」との一言で、夜行列車で着校。

防衛大学校では機械工学（船舶工学）を学びつつ、海上要員の訓練と部活（短艇委員会：カッター競技）に明け暮れる日々、目指すは海の男。

以後、海上自衛官の道。前半は海上勤務中心。しらゆき通信士、しらね水雷士、かとり機関士、ゆうばり航海長、あまぎり砲雷長、あおくも艦長、護衛隊群司令部幕僚等。この間に米国海軍大学幕僚課程留学、広告会社研修、海上幕僚監部広報室勤務。後半は陸上勤務、海上自衛隊幹部学校教官として二十数年勤務。この間に青山学院大学で国際政治学修士号取得、現在に至る、です。

授業の中心は海洋戦略。マハンやコーベットといった海洋（軍）戦略の大家はじめ孫子、クラウゼヴィッツ、リデルハート、ルトワック等、軍事戦略の古典から現代戦略、ハイブリッド戦と戦略的コミュニケーションといった最近の議論までの研究・教育です。

日本海軍が後手をとった分野

『女王陛下のユリシーズ号』（早川書房）というアリステア・マクリーンの小説があります。初めて読んだのは中学生の頃、日本海軍が経験したことのない北極海での作戦に魅《ひ》かれるものがあり、描かれる人々、ヴァレリー艦長、ターナー副長、カポック・キッド航海長等々に憧れました。

時代は第二次世界大戦真っ只《ただ》中、1942～43年頃。ドイツと死闘を繰り広げるソ連を支援する米英連合国の船団（援ソ船団）、それを護衛する英国海軍巡洋艦の話です。いまのウクライナ戦争の全域が、一部の戦線として扱われた独ソ戦の真っ最中、ソ連側で2000万人ともいわれる死者が出る戦い。戦闘を継続するのに必要な戦車や弾薬、燃料等を北米から輸送する貨物船、タンカーが数十隻、不凍港（冬場でも凍結しない港）ムルマンスクを目指します。

そこに襲い掛かるドイツの航空機、大型水上艦艇、そして潜水艦（Uボート）の群れ・ウルフパック。大西洋の戦いと呼ばれる、船団護衛の作戦。その中心は対潜戦（ASW）です。潜水艦相手の、長くて辛い戦い。これは戦後海上自衛隊が最も努力を傾注してきた、先の大戦で日本海軍が後手をとった分野、海上交通の保護です。

ゆうばり航海長として大湊《おおみなと》（青森県むつ市）で勤務していたのは冷戦真っ最中、昭和の末期。厳冬の宗谷海峡での行動もありました。零下20度、風速十数mという環境では、甲板には厚さ数cmの氷が張り、大砲からは大きなツララが垂れ下がり、転落防止用手すり（ハンドレール）は、本来の太さは人間の指ぐらいですが、氷が付着しビール瓶以上、時には一升瓶の太さに。

小説の中では、北極海の冬はカナダよりひどいと嘆く士官に向かって、「軟弱、それが当節の若い者のいかんところだ。これこそはきみ、気概ある人間が生きるただひとつの世界だよ」と副長に言わしめた海。

何ゆえでしょうか、人間はこういった真っ白な、厳しい氷雪の世界に憧れを感じるようになっているのかもしれません。

こういった経験から何となく北の世界に憧憬を感じつつ半世紀、青山学院大学大学院で勉強していた2007年、ロシアの潜水艇が北極点の海底に国旗を設置というニュースが飛び込んできました。頭の中は「?・?・?」、大航海時代ならいざ知らず、国旗を立てて「ここは俺たちの土地」なんていう主張は国際法的にはあり得ません。しかし、政治的には非常にインパクトがありました。

こういった経緯から、北極海と軍事、安全保障に興味関心を持ち、論文を書いたり、講演したり、いろいろとありまして……本書の執筆となった次第です。

ということで、この本は、海軍の歴史・知識・経験をベースに教育訓練を受け実務を積み重ねてきた筆者が、学術的な知見を活用し研究した、北極海と安全保障に関する成果を文字にしたものです。

「学術的な論文が読みたい」という方は、拙稿を数本『海幹校戦略研究』という論文集を海上自衛隊幹部学校のホームページ上で展開しておりますので、ぜひそちらをご覧ください。

学術論文ではないからといって、適当に書くつもりはありません、それなりに根拠を調べ、信頼できると思われる資料からお話は展開します。

本文中の人名や地名等の表記はそれぞれ当時のものを使用します。特に、北極地方に昔から住んでいる人々の呼称は難しいものがあります。

ちょっと長くなりますが、「エスキモー」という呼び方について説明させていただきます。「エスキモー」には差別的な意味があると誤解され、近年日本でもイヌイト（イヌイット）と呼ばれることが多くなっています。

しかし、現地に長期滞在した、あるいは定住している植村直己《うえむらなおみ》や大島育雄（後述）は、それぞれの著作でエスキモーという言葉を使用していました。また専門家の研究でも「『民族呼称』をどう定めるかは実に難題である。……「民族呼称」は状況に応じて使い分ける必要性をここで指摘しておく」（スチュアート・ヘンリ「呼称について」『アイスランド・グリーンランド・北極を知るための65章』）とされています。

ということで、その他の用語も含め、これらの表記は学術的正確さよりも、読者の方々に理解しやすいように、馴染《なじ》みのあるもの、それぞれの著者が使用している用法に従う等、適宜使用いたします。

ただ、何といっても大阪出身、最後は「知らんけど～」という言葉が染みついた部分もあるかもしれません。ですから、制服自衛官の書く本だから難しそうとか深く考えず、気軽に読んでください。そして、北の海と国際社会の厳しさ、そこに関わる人々の苦労を少しでも理解いただければ幸いです。ということで、以下の順でお話を展開していきます。

最初に、北極および北極海全般を説明します。次に第2章で、北極海をめぐる対立の歴史を概観し、第3章で、北極で最も積極的に利権確保に努めているロシアの姿を論述し、第4章では「氷上シルクロード」構想を提示して積極関与姿勢を示す中国の活動と米国の反発、トランプ大統領の「グリーンランドを買いたい」発言の背景等を分析し、第5章では対立する国家間関係における協調可能性と課題について、北極評議会といった制度を簡単に整理し、最後の第6章でわが国の地政学的状況と北極への関与、期待についてまとめたいと思います。

では、いざ、北へ!!

北極海　世界争奪戦が始まった

目次

はじめに　3

第1章　地球温暖化で開かれる北極海

第2章 北極海をめぐる対立の歴史

第3章 ロシアと北極、プーチン大統領

第4章

中国「氷上シルクロード」の野望と米国の反発

第5章 協調可能性と課題：国際制度

第6章

日本と北極

第1章

地球温暖化で開かれる北極海

米ソ対峙の最前線

なぜ、いま北極海が問題なのでしょうか。

2022年8月、北大西洋条約機構（North Atlantic Treaty Organization：NATO）のストルテンベルグ事務総長は「北極におけるロシアの軍事力強化はNATOにとっての戦略的な挑戦だ」と述べ、強い警戒感を露《あら》わにしました。当然ですが、その背景には2022年2月以来のウクライナ戦争の影響があり、ロシアの脅威や核戦争への懸念があります。

NATOはこの直前にマドリードで首脳会議を開催しました。日本からも初めて岸田首相が参加し連携の強化を打ち出します。NATOは12年ぶりに新たな『戦略概念』を採択し、ウクライナに侵略したロシアを事実上の敵国と認定します。「最も重大で直接的な脅威」という表現です。ついでに述べておきますと、この会議には日本の首相以外にも韓国、オーストラリア、ニュージーランドの首脳も招待されており、NATOの「アジア太平洋パートナー」として、対中国を念頭に連携強化が話し合われています。

まあ、欧米vsロシア（ソ連）・中国との対立構造、いつか見た風景、冷戦時代の対立構造を彷彿《ほうふつ》とさせるものです。

冷戦期、北極海はまさしく米ソ対峙の最前線でした。上空では核ミサイル・爆弾を搭載した米空軍のB－52爆撃機やソ連のベアといった戦略爆撃機が空中で待機し、水中では弾道ミサイル搭載原子力潜水艦（戦略潜水艦：SSBN）が哨戒《しょうかい》する軍事的緊張の最前線だったのです。この軍事力の展開、24時間365日パトロールが継続し、その間に核兵器搭載機の墜落事故や潜水艦の衝突等、様々な危機がありました。冷戦後、いったんその緊張度は下がりましたが、2000年代後半からのロシアの強圧的態度、クリミア半島併合、ウクライナ戦争で徐々に緊張が高まっています。

一方、冷戦時代における数少ない国際協調の成果も北極にはあります。米ソに加えカナダ、デンマーク（グリーンランド）、ノルウェーという北極海沿岸国の間で結ばれた1973年のホッキョクグマ保存条約。この協定では、無規制なスポーツ狩猟を禁止し、航空機や砕氷船からのホッキョクグマの狩猟を禁止しています。さらに加盟国に、ホッキョクグマが生息する生態系を保護するための適切な行動をとることを求めています。

北極は上空と海中では核兵器による軍事的な緊張関係を維持しつつ、氷上ではホッキョクグマ保護のために合意するという、不思議な空間でした。

4倍速で温暖化が進行する地域

一方、ウクライナ戦争が現在進行形であっても気候変動、温暖化問題は待ってくれませ

図1：マッキンダーが議論していた図 Sir Halford John Mackinder, "The Geographical Pivot of History,"
出所：Geographical Journal 23, no. 4 , (April 1904) を基に筆者加筆

ん。

20世紀初め、イギリスの地理学者ハルフォード・マッキンダーが、ユーラシアの内陸部を「ハートランド」と呼び、その重要性を説きました。地政学の原点といえるお話ですが、その時に使った地図で描かれた北極海は、夏でも氷が融けない凍ったままの海だったのです（図1）。過去の探検家、航海者があれだけ挑んでも通航できない困難な海、それが当時の常識だったのでしょう。

２０２０年夏、船齢１００年を超えるロシアの帆船がベーリング海峡から北極海経由で大西洋まで航行したことがニュースになりました。過去の実績から、常に氷で閉鎖されているいくつかの海峡を通航するときは氷との遭遇を覚悟していたそうですが、北極海航海

中ほとんど海氷や氷山を見かけることはなかったと報じられています（Atle Staalesen, "There was no ice on the water, says captain of tall ship Sedov about Arctic voyage," The Barents Observer, October 13, 2020.）。まさに気候変動、地球温暖化が進行している証左といえるでしょう。北極は地球上の他の地域の４倍速で温暖化が進行中という研究もあります（The Barents Observer, July 08, 2022）。

このように、地理的にも、国際政治的にも大きな変化に直面する北極は、まさに地政学的大変化の最前線にあるといえるでしょう。

気候変動と安全保障

最近では日本でも気候変動を単なる環境問題ではなく、安全保障問題と捉える動きが出てきています。たとえば、防衛省でも２０２１年から気候変動タスクフォースを立ち上げ、２０２２年８月には防衛省・自衛隊が気候変動に対処していくための「防衛省気候変動対処戦略」を公表しています。『防衛白書』の令和４年版では「気候変動が安全保障環境や軍に与える影響」という節を設けて、世界各国の動きを説明しています。

しかし欧米ではより早く、多くのシンクタンクが気候変動と安全保障を結びつけて議論を進めていました。その一つに米国の「気候変動と安全保障センター」（The Center for

Climate & Security）のサイトがあり、各国の気候変動と安全保障の先行研究を整理したページがあります。そこでは、気候変動と安全保障を関連づけるこういった種類の研究が公表されたのは、１９９０年の米海軍大学による研究成果「地球的気候変動の米海軍への影響」が最初とされています（The Climate Security Chronology lists, Climate Security Y 101）。

何ゆえに、米海軍大学なのでしょうか。気象関連機関や環境問題の研究所ではなく？と不思議に思われる方もいるでしょう。しかしそれは偶然の産物でも突然の発見でもありません。長年にわたる継続観察の結果、必然だったのです。

潜水艦データの公表――アル・ゴアの働きかけ

冷戦時代における米ソの核戦力の柱、その一つは戦略潜水艦（ＳＳＢＮ）であり、そのパトロール海域が北極海だったからです。

核ミサイルを発射するためには、北極の氷を割って浮上する必要があります。そのためには、どの海域において、どの時期は、どれくらい氷の厚さがあるか、というデータを収集し、作戦海域を決定する必要がありました。季節や海域ごとに、膨大な資料の積み重ねが不可欠です。

気候変動問題を世界に広め、運動を指導してきたリーダーとして有名なのが米国副大統領であったアル・ゴア（Albert Arnold Gore Jr.）さんでしょう。『不都合な真実』という題名の映画が世界で上映され、大きな社会問題となり、環境活動家として２００７年にノーベル平和賞を受賞しています。そのゴアの著作『不都合な真実』に海軍と気候変動、北極海問題を知る鍵が記載されています。

「潜水艦は警報に接し速やかに浮上、ミサイル発射を行わなければならないが、氷を割って浮上するには厚さ3フィート（約１ｍ）以下でなければならない」「過去50年間米海軍はそのデータを収集してきたが、それは極秘（Top Secret）だった」と状況を説明します。そして北極海の氷が減少し、厚さも薄くなってきているという事実を、科学者をはじめ、世間に知らせるべきであると考え、海軍とＣＩＡに働きかけ、作戦に支障のないかたちでデータを公表させたのです。

このように、気候変動の最前線でありながらも軍事活動、核戦略の最前線でもあるため、南極のように世界で仲良く科学調査、といかないところが北極の難しさです。正確な日時、海域のデータはそのままでは提供できないので、行動の細部を秘匿しつつ、この程度なら大丈夫（位置情報は緯度で5分以内、時間軸では月の3分の1単位、上旬とか下旬とか）という感じで、米英の潜水艦が収集したデータが「丸められ」（be rounded）リリースされ、米国立氷雪データ・センター（National Snow and Ice Data Center：ＮＳＩＤＣ）から公開されてい

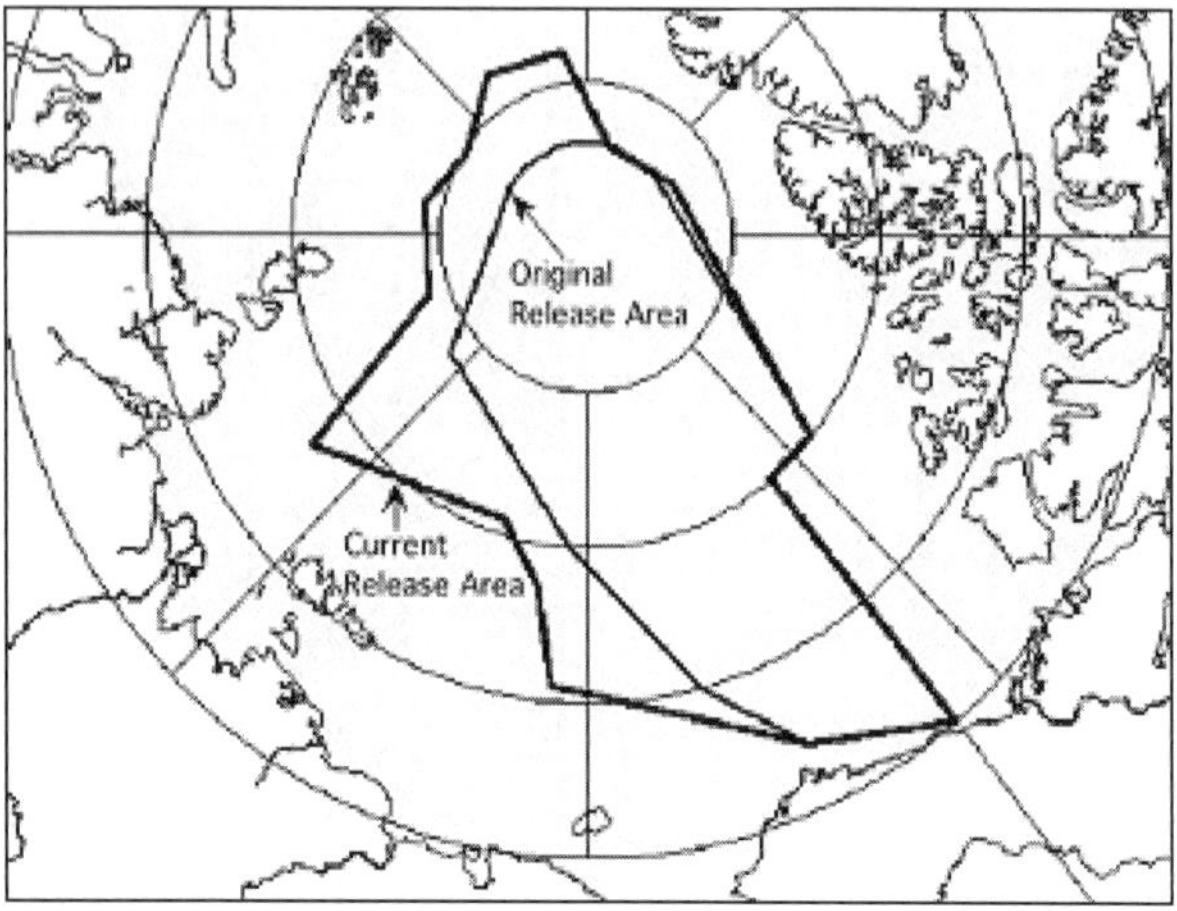

図２：潜水艦情報公開エリア
出所：National Snow and Ice Data Center.1998, updated 2006. Submarine Upward Looking Sonar Ice Draft Profile Data and Statistics, Version 1. Boulder, Colorado USA

ます（図２）。

「丸める」という言い方、ひょっとして一般の方には馴染みがないかと思い、「　」をつけましたが「大雑把に言えば」という感じでしょうか。

基本的に潜水艦の行動は、秘密です。どこで行動した、は言いません。ゴアさんの著書では「海軍はいかなるデータの開示にも強硬に反対した。開示するとそのデータから米国の敵国にこちらの潜水艦の巡回ルートがわかってしまうかもしれないと恐れたのだ」「注意深い防護対策をしたうえでデータを開示できる革新的な解決策を考え出してくれた。そうしてくれてほんとうによかった。なぜならその情報は科学者の予想以上に重大かつ急を知らせるものであることがわかったからだ」

とあります（アル・ゴア前掲書）。

こういう状況でのデータ公表ですから、その功労者に敬意を表し、最初に公表されたエリアは“Gore Box”と呼ばれています。なお、現在ではより広い海域の情報が公開されています。

米海軍では、冷戦時代から継続的に氷海での訓練「ＩＣＥＸ」を継続して実施しています。また、民間の研究者も乗艦させた科学調査のための訓練（The SCience ICe EXercise：ＳＣＩＣＥＸ）も１９９３年から定期的に行っており、観測された詳細なデータは公開されています。

北極圏、北極海とは

改めて地域の確認を行います。北緯66度33分より北の地域が北極圏と呼ばれる地域です。地球の自転軸は、太陽の周りを回る公転面に対して23度27分傾いています。90度－23度27分＝66度33分、という計算の結果の数字です。

この数字が何を意味するかというと、夏には太陽が沈まない白夜、冬には太陽が昇らない極夜という現象が見られる、ということです。それよりも北にある地域が北極圏、ということです。

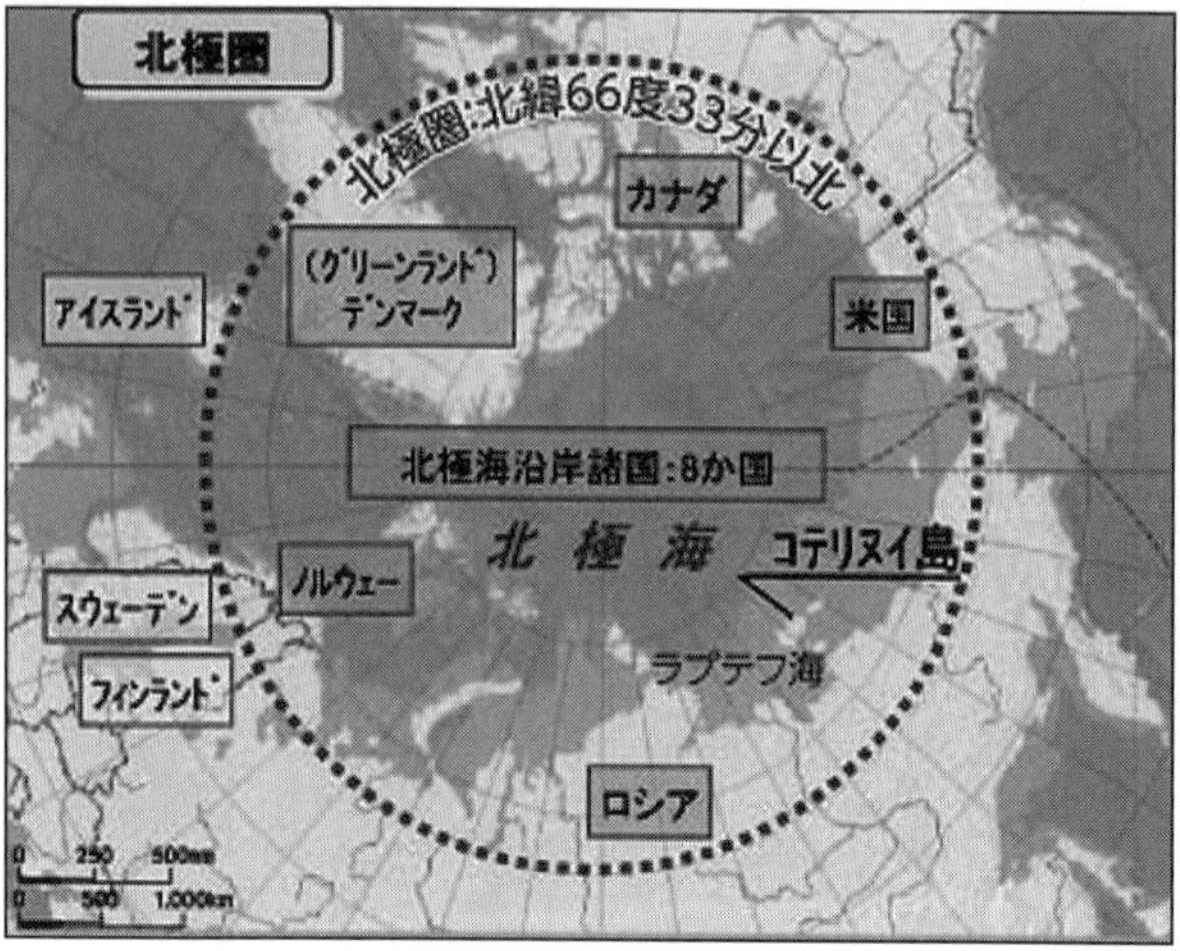

図3：北極海と北極諸国
出所：『防衛白書』平成26年版「北極海をめぐる安全保障上の動向について」

そのため年中気温が低く、氷と雪に囲まれた環境的に厳しい場所ですが、先住民族をはじめ、およそ400万人の人々が暮らす地域です。ホッキョクグマ、ホッキョクキツネ、トナカイ（カリブー）など北極特有の生物が棲《す》む、オーロラ輝く特別な世界です。

サンタクロースの故郷で、清らかで沈黙の世界のイメージとなるのでしょうが、実際には先に述べたとおり、軍事的緊張の最前線。イメージギャップがありすぎです。

北極点を中心に広がる、北アメリカ・ユーラシア両大陸に囲まれた海域は北極海と呼ばれ、沿岸にはカナダ、米国、デンマーク、ノルウェー、ロシアの5カ国があります（「北極海沿岸国」）。これらにフィンランド、アイスランド、スウェーデンを加えた8カ国のことを「北極圏国」と呼んでいます（図３）。これらの国々がまあ、北極問題に関するレギュラー、準レギュラーというところでしょうか。

南極には南極大陸が「で〜ん」と存在するのに対し、北極はユーラシア大陸と北米大陸に囲まれた海「北極海」が真ん中にある、これが最大の違いです。そして海には海特有のルールがあり、それに伴った利害・利権の対立もあります。

北極海は平均深度１３３０ｍ、最大深度５４４０ｍの深い海で、海底にはロモノソフ海嶺《かいれい》という、ユーラシア大陸から北極点経由・北米大陸まで続く海の中の山脈あり、盆地ありの複雑な地形をした冷たい海です。

海ならば海のルールで決める、これがのちのち国家間の対立、紛争問題に影響します。その際、どういう視点、立場に立って「海」を考えるかで、扱いが大きく変わります。

繋ぐ海、隔てる海、囲い込む海

歴史的に最も重要視されたのが人や物流の道、いわゆるブルー・ハイウェイとしての海、「繋《つな》ぐ海」です。その逆が「隔てる海」、外国や他地域からの侵略や介入を阻むバリアとして、万里の長城的な存在としての海。そして「囲い込む海」、海そのものから得られる石油や天然ガス等の海底資源や、マグロ、サンマ等の水産資源を得る、資源確保という視点で見た海です。

海をどう見るかによって政策は180度異なってきます。「海はブルー・ハイウェイだ！」ならば、みんなで共有し、自由に航行できるようにしましょう、管理も国際協調で一緒にやりましょう、となります。

一方、資源獲得のため地図上に線を引き、囲い込んで「ここは俺の海」となれば排他的になります。この見解の相違が過去の歴史と複雑に絡んで、海洋の問題を厄介にしているのです。それは南シナ海での中国による九段線の主張や岩礁の埋立工事、それに対抗する米海軍等の航行の自由作戦といった対立の事例で理解いただけるかと思います。

ただし、回遊性の高い魚は、人間が海図に線を引いて、「俺の海」と宣言しても関係なく移動します。そこでこういった回遊魚乱獲防止のため、国連海洋法条約では、排他的経済水域（Exclusive Economic Zone：ＥＥＺ）の内外を問わず地域漁業管理機関を通じて協力することを定めています。高度に回遊するカツオ・マグロ類は世界のすべての海域で、それ以外の水産資源の管理についても、たとえば近年、不漁が続くサンマ・マサバ等を管理する北太平洋漁業委員会（ＮＰＦＣ）などの新たな地域漁業管理機関も設立され、資源保護に向けた活動が行われています（水産庁ホームページ）。

海の法的区分——領海、排他的経済水域、大陸棚

こういったややこしい話になるのは、海域によって沿岸国の権利が国際法的に異なるからです。陸地ならばどこかの国の領土であり、そこではその国家の主権の下、法や制度が執行されます。ところが海は国際法的に、領海、接続水域、排他的経済水域（ＥＥＺ）、大陸棚と沿岸国の権利が異なる海域に分かれます（図4）。

まず、どこからが海なのか、海と陸の境界、これがはっきりしません。皆さんも海水浴や釣りで、潮の満ち引きを経験されていると思いますが、日々その瞬間ごとに海と陸の境界線は移動しています。そこで、最も潮が引いた所、これを低潮線と呼びますが、これを基準の線と決めました。基線です。

領海の基線からその外側12海里（約22㎞）の線までの海域を領海とし、沿岸国の主権が及ぶ海域としました。これは歴史的に、英米といった先進海洋国家が、海洋の自由、航海の自由を主張したのに対し、後進海洋国家が沿岸国の権利を主張し、その結果、当初は3海里、その後12海里が多数の国家で採用された領海の幅です。力（武力）の及ぶ所までは沿岸国の主権の下という理屈で、大砲の射程を基準に決めたといわれています。

ただ、この基線自体もどこかの岬とどこかの島とかを結んだ線で決めるのですが、それが

領海・排他的経済水域等模式図

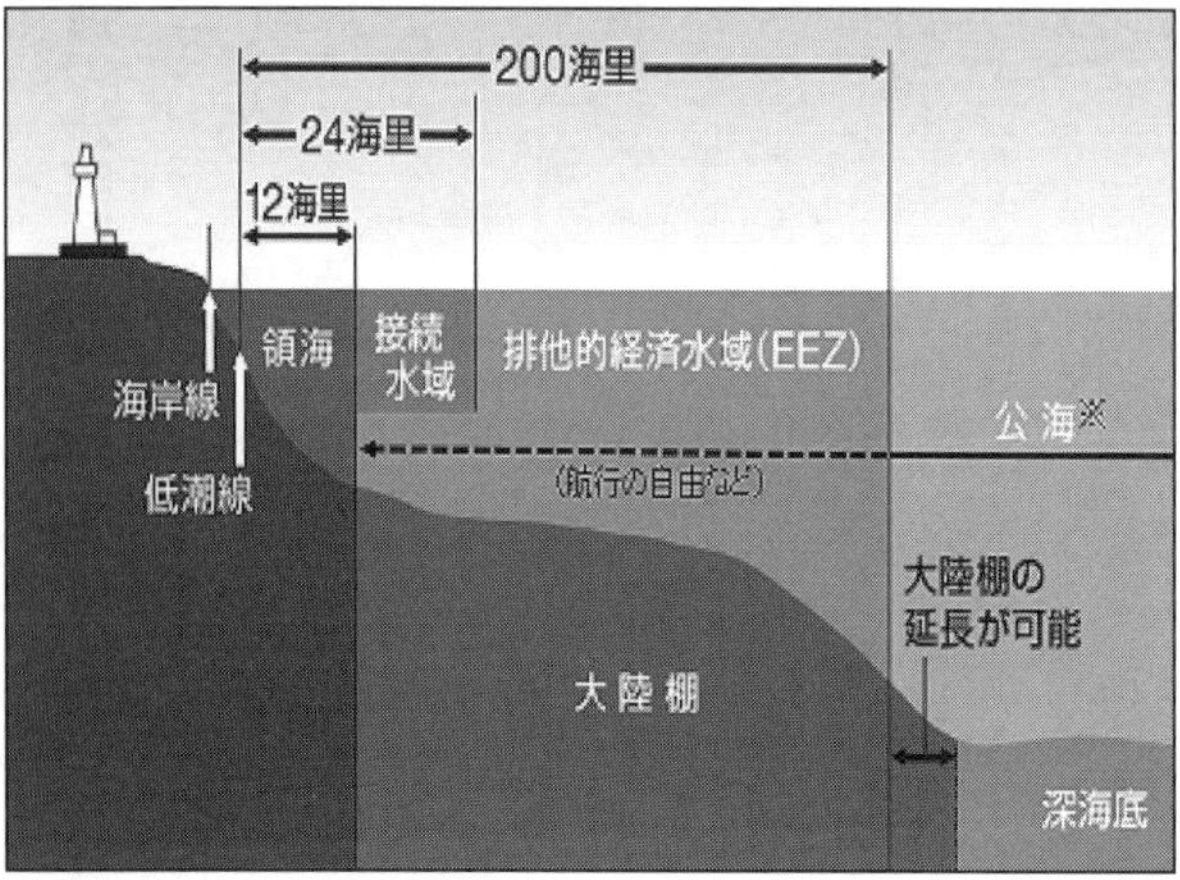

図4：領海・排他的経済水域等模式図
出所：海上保安庁ホームページ、「領海等に関する用語」

むやみに長すぎると「おかしい」となるわけです。実は日本が設定している直線基線が長すぎると、米海軍がそれに反発し、航行の自由作戦が行われたこともありました（石原「米国にとっての「航行の自由」（Freedom of Navigation）」『海幹校戦略研究』２０１６年）。

　ただし、すべての国の船舶は、領海において無害通航権を有します。無害通航というのは沿岸国の主権を侵害しない限りは他国の領海を通航してよい、という権利です。駅まで近道なのでお隣さんの敷地を通って通勤する、という感覚でしょうか。陸上において、どこかの国の陸軍部隊が近道なので隣国の領土を横切ります、なんていうことは認められません。主権の侵害になります。

しかし、海のルールではセーフです。ただし、これもどこまでが無害か、沿岸国の管轄が及ぶかで問題は残っています。

この基線や無害通航の設定・解釈の違いが北極海でも存在します。仲の良い隣国のカナダと米国の間あるいはロシアとの間で存在し、今後大きな問題となる可能性があります。詳しくはのちほど説明します。

「海の憲法」が締結

狭い領海と広い公海、これが長年の慣行でしたが、20世紀になり海底から石油その他の資源が採掘されるようになると、沿岸国が権利を主張するようになります。

１９４５年に米国トルーマン大統領が大陸棚に関する権利と水産資源の保護・管理というコンセプトで米国沿岸の権利を主張するようになります。「トルーマン宣言」です。それに続いてメキシコ、アルゼンチン、チリ等中南米諸国が次々と大陸棚や２００海里の権利に関する宣言を行います。そうなると世界中の海が無秩序に様々な国家によって領有化されるのではないかという懸念が広がります。

こうした懸念から各国が集まり会議を開き、１９５８年に第一次国連海洋法会議が開催され、大陸棚条約が採択されます。水産資源の確保や２００海里という数値はのちにＥＥＺの概念に収斂《しゅうれん》していきます。国連が主導する海洋法会議は第一次から第三次まであり、第三次国連海洋法会議は1973年から1982年の10年間をかけて議論を積み重ね、やっと各国の合意にたどり着き、「海の憲法」といわれる国連海洋法条約（United Nations Convention on the Law of the Sea：UNCLOS）が締結されました。全17部320条という膨大な本文と、9つの附属書からなるものです。

しかし、それでもなお明解ではない条文も少なくなく、その解釈が各国の国家実行の積み重ねに委ねられている部分も残されており、北極海においても様々な問題に繋がります。

競合する大陸棚申請

改めて海の区分と沿岸国の権利等の話に戻します。領海の基線からその外側200海里（約370km）の線までの海域（領海を除く）並びにその海底およびその下が、排他的経済水域（EEZ）です。沿岸国は排他的経済水域において、天然資源の探査、開発、保存および管理、人工島等の設置、海洋の科学的調査、海洋環境の保護および保全等に関する管轄権を有しています。

一方、排他的経済水域は、従来は公海であった海域に沿岸国の管轄権が認められたものであり、このような特定の事項以外については公海としての性格が維持されました。すべての国は沿岸国の権利義務を害しない限り、他国の排他的経済水域内において航行、上空飛行、海底電線・海底パイプライン敷設等の公海の自由を引き続き有することとされました。

大陸棚は原則として領海の基線から200海里ですが、海底の地形・地質が一定条件を満たす場合、200海里を超えて大陸棚を設定することが可能であるとされています。そのためには、国連の「大陸棚の限界に関する委員会」へ大陸棚の地形・地質に関するデータ等を提出し、同委員会の勧告に基づいて大陸棚の限界を設定する必要があります。

この大陸棚申請が、北極海においては競合しているのです。ユーラシア大陸から北極点の下経由北米まで続く海中の山脈（海嶺）があります。さて、これはどこから続いているのでしょうか、ということで、ロシア、カナダ、デンマークの主張が競合しているのです。何ゆえにデンマーク？　と思われた方は地理に少し詳しい方です。グリーンランドが実はデンマーク領だからなのです。

気候変動・地球温暖化と北極海

気候変動・地球温暖化問題、これは当初、環境問題として扱われてきました。しかし、旱《かん》魃《ばつ》や洪水など異常気象が難民問題や治安問題と結びつくと、安全保障上のリスクとして議論されるようになってきます。

国連気候変動枠組条約は1992年に採択され、1995年にベルリンで第1回締約国会議（COP1）が開かれました。1997年に京都で開かれたCOP3では、締約国に温室効果ガスの排出量削減を義務づけるよう求めた国際協定「京都議定書」が採択されました。

しかしながら、産業革命以来の温室効果ガスの多くは欧米先進国が昔から排出してきたものであり、アジアや中東、アフリカの新興国も一律に削減という話はすぐにはまとまりません。しかし現実問題として、度重なる中東やアフリカでの旱魃、食糧不足や水不足が原因となり内戦が激化、大量の難民が欧州に押し寄せました。気候変動が安全保障問題として強く意識され、議論されるようになります。

2015年のCOP21で地球温暖化防止のための国際的枠組「パリ協定」が採択され、世界的に気候変動が脚光を浴びるようになりました。

気候変動、地球温暖化の原因が人間の活動に伴うものなのかどうか、トランプ大統領が否定的であったのは有名な話です。世界的な議論でも、IPCC第1次報告書では「気温上昇を生じさせるだろう」という弱めの表現でした。

1990年代には異論・反論が多数ありました。実際問題として、人工衛星による北極海氷観測が始まった1979年より以前の1960年代は、太陽活動が低調で「氷河期が来る」と騒がれたほどの寒冷期だったのです。

温暖化と人間活動の影響の関係について
これまでの報告書における表現の変化

第1次報告書 Farst Assessment Report 1990	1990年	**「気温上昇を生じさせるだろう」** 人為起源の温室効果ガスは気候変化を生じさせる恐れがある。
第2次報告書 Second Assessment Report Climate Change 1995	1995年	**「影響が全地球の気候に表れている」** 識別可能な人為的影響が全球の気候に表れている。
第3次報告書 Third Assessment Report Climate Change 2001	2001年	**「可能性が高い」(66%以上)** 過去50年に観測された温暖化の大部分は、温室効果ガスの濃度の増加によるものだった可能性が高い。
第4次報告書 Fourth Assessment Report Climate Change 2007	2007年	**「可能性が非常に高い」(90%以上)** 20世紀半ば以降の温暖化のほとんどは、人為起源の温室効果ガス濃度の増加による可能性が非常に高い。
第5次報告書 Fifth Assessment Report Climate Change 2013	2013年	**「可能性がきわめて高い」(95%以上)** 20世紀半ば以降の温暖化の主な要因は、人間活動の可能性がきわめて高い。
第6次報告書 Sixth Assessment Report Climate Change 2021	2021年	**「疑う余地がない」** 人間の影響が大気・海洋及び陸域を温暖化させてきたことには疑う余地がない。

図５：IPCC報告書における表現の変化
出所：全国地球温暖化防止活動推進センター「これまでの報告書における表現の変化（IPCC報告書）」

しかし１９９０年以降、様々な観測結果が出てシミュレーション方法も発達し、研究・検証が進みます。２０２１年の第６次報告書では「疑う余地がない」と断定的な表現となりました（図５）。

夏でも融けない多年氷の減少

ＩＰＣＣ第58回総会が２０２３年３月13日から20日にかけて、スイスで開催され、ＩＰＣＣ第６次評価報告書（ＡＲ６）統合報告書の政策決定者向け要約（ＳＰＭ）が承認されるとともに、同報告書の本体が採択されました。

国連のグテーレス事務総長は報告書公表に合わせてメッセージを公表しました。その中で「人類は薄い氷の上にいて、その氷は急速に溶けている。過去半世紀の気温上昇率はこの2000年で最も高く、CO_2濃度は少なくとも過去200万年で最高になっている。気候の時限爆弾の時計が刻々と進んでいる。そうした中でこの報告書は時限爆弾を解体するガイド本で人類のサバイバルガイドだ」と地球規模で危機が迫っていると警告しています。

また、西村明宏環境大臣は談話で以下のとおり日本の気候変動対策政策への姿勢を説明しました（環境省報道発表「気候変動に関する政府間パネル〈IPCC〉第6次評価報告書 統合報告書の公表について」）。

「今回の報告書では、『人間活動が主に温室効果ガスの排出を通して地球温暖化を引き起こしてきたことは疑う余地がない』、『継続的な温室効果ガスの排出は更なる地球温暖化をもたらし、短期のうちに1・5℃に達する』との厳しい見通しが示されました。これは、この10年間にすべての部門において急速かつ大幅で、即時の温室効果ガス排出削減の必要性を示すものです。

しかし、今すぐ対策を講じることで、海面水位の上昇、洪水の増加、熱中症の増加など、温暖化に関連したリスクを抑えることが可能であることも示されました。IPCCの科学的知見を踏まえ、政府は、緩和策・適応策の両面から対策を強化してまいります」

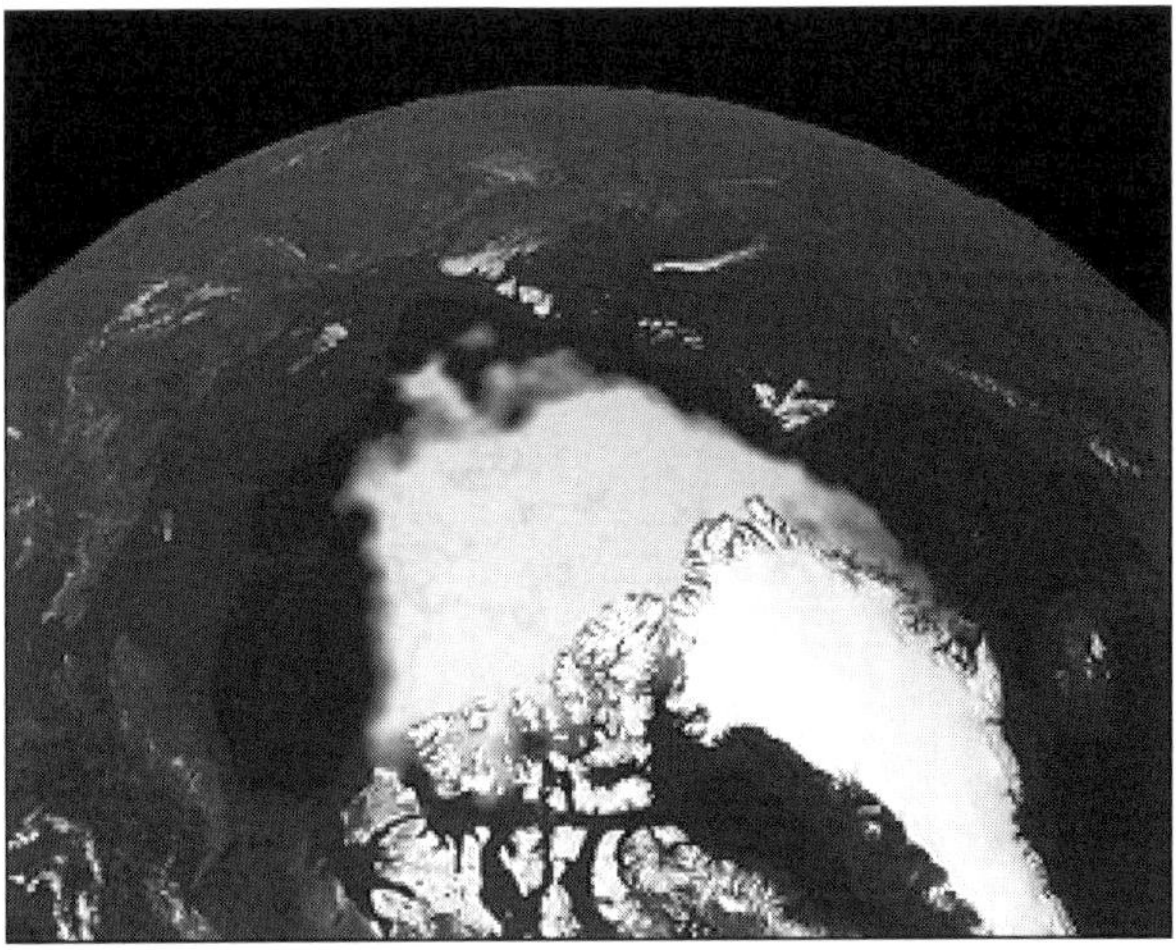

図６：宇宙から見た北極の氷の状況（NASAの動画、2012年頃）
出所：SVS：Annual Arctic Sea Ice Minimum Area 1979-2022, With Graph

では、温暖化で北極海の氷がどのように変化してきたのでしょうか。

ＮＡＳＡのホームページに、気候変動の項目があり、その先に進むと北極の特集ページがあります。そこでは宇宙から見た北極海の氷の状況、数十年の変化を数分で見えるようにし、動画で閲覧できるようにしてくれています。衛星による北極海の氷の観測を開始した１９７９年からの氷の状況変化がよくわかります（図６、NASA/Goddard Space Flight Center Scientific Visualization Studio. The Blue Marble data is courtesy of Reto Stockli (NASA/GSFC)）。

様々なデータから、北極海の氷面積は10年ごとに約13％ずつ減少していると報告されています。

また、単に面積が減少しているだけではなく、多年氷（夏でも融けることなく複数年継続する氷）が急速に減少しているのです。氷は何年も凍ったままであれば圧縮されて融けにくく硬い氷になるのですが、多年氷がどんどんと減少し、密度の薄い1年氷が増えています。こういった温暖化の影響で、夏の北極海の海氷は2050年までに消滅することが確実視されているともいわれています（Gloria Dickie, "Loss of Arctic summer sea ice 'inevitable' within 30 years, report says," Reuters, November 8, 2022.）。

最も氷が融けるのは夏ですが、カレンダーでいうと9月に最小となります。難しい理屈は抜きで、お日様が一番北に当たるのが夏至の頃ですから6月下旬、気温が高くなるのがそれよりも遅れて8月に真夏、で氷が一番融けるのが9月、ちょっとずつ遅れてきます。

各国の活動、摩擦が安全保障上の問題に

2022年には、北極海の温暖化は地球上の他地域の4倍速で進行しているというニュースがありました。氷雪の融解により太陽光の吸収が一層進むことで、負のスパイラルに陥り、地球全体の温暖化に比べて4倍の速さで北極の温暖化が進んでいるというのです（Henry Fountain, The New York Times, Aug. 11, 2022 "Arctic Warming Is Happening Faster

Than Described, Analysis Shows")。それまでにも、３倍速だ、という分析や他地域よりも早いという論説は多数ありました。これらを総合すると、地球温暖化は進行中で、北極では特に顕著ということでしょう。

図7は、世界の北極専門家が様々な気候変動モデルを使って予想した北極海の氷の状況見通しです。どれをとっても今世紀末には大変な状況になりそうなことは間違いないでしょう。グラフの下部、１の数字の所のラインが氷で覆われた面積が１００万平方㎞、それ以下だと、「氷のない（ice-free）」といわれる状態になる、と。モデルにより、それが今世紀の半ばあるいは、早ければ……、という報道になります。

実際にその観測結果やモデルが正しいのかどうかは本書の目的ではないので議論しませんが、こういったニュースや議論、特に北極では温暖化のマイナス面よりも、それに伴って氷が融けることにより航海が可能になる、資源開発ができる、という期待のほうが大きく働いています。沿岸国のみならず域外国もその時に備えて、科学的あるいは資源探査活動を実施する、権益確保のために軍事力を展開する、あるいは基地を整備する等の動きを進めています。そういった各国の活動、その摩擦が安全保障上の問題となりつつあるのです。

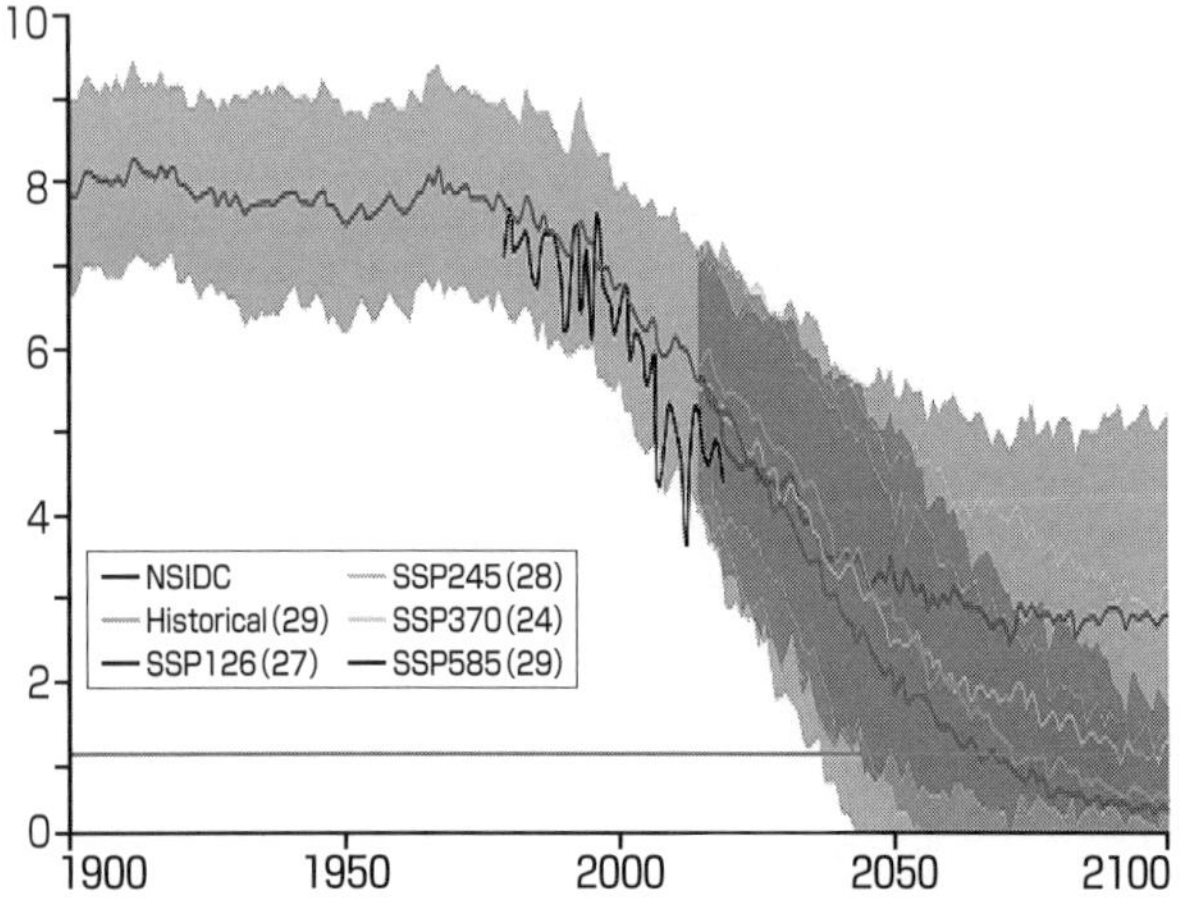

図7：北極海、夏場の氷の状況予測
出所：Arctic Monitoring and Assessment Programme (AMAP), "Arctic Climate Change Update 2021: Key Trends and Impacts. Summary for Policy-Makers," Arctic Council, May 21, 2021

北極海航路
――航程を約6割に短縮できる

北極海を通る航路としては北米大陸側の北西航路（Northwest Passage：NWP）、ロシア側を通過する北東航路（Northeast Passage：NEP）があり、北極海航路（Northern Sea Route：NSR）と言えば北東航路と解釈するのが一般的とされています。

また、北極海の中央を横断するのが北極海中央航路です。横浜港からドイツのハンブルグ港までの航路を比較した場合、北極海航路なら約1万3000km、マラッカ海峡、スエズ運河を経由する南回り航路なら約2万1000kmと航程を約6割に短縮でき、海賊リスクも少ないことから海上輸送における新たな

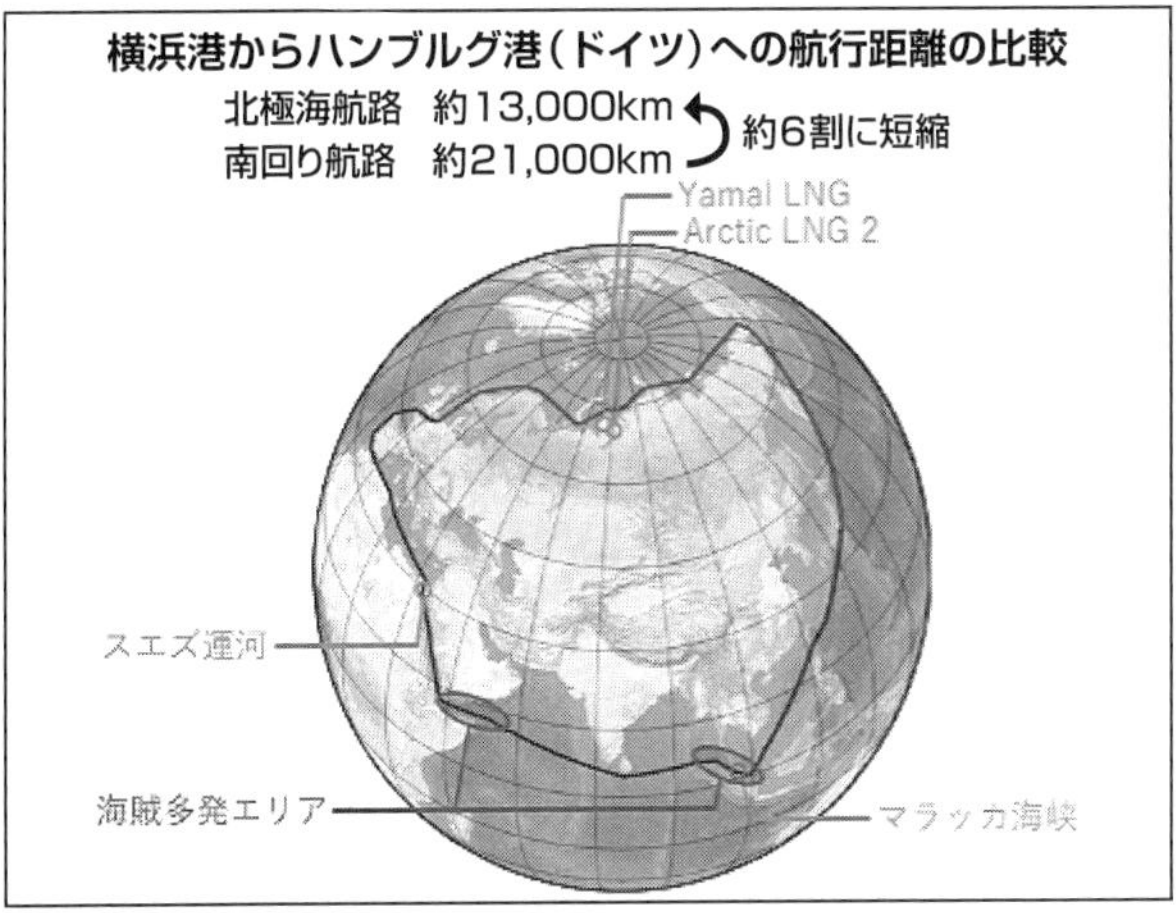

図8：北極海航路とスエズ経由航路の比較
出所：国土交通省「北極海航路の利用動向について」、2022.04.06訂正
https://www.mlit.go.jp/sogoseisaku/ocean_policy/content/001476544.pdf

選択肢として、温暖化の進行に伴い近年関心が高まってきています（図8）。

ユーラシア大陸の北方、ソ連・ロシア側の北極海航路は、冷戦時代には日本や欧米諸国が商業利用することは考えられませんでした。

『北極海航路』という本があります。シップ・アンド・オーシャン財団から2000年に出版された本ですが、私が北極の研究を始めた頃に執筆者のお一人、北川弘光先生からいただいたものです。

1993年から始まった国際プロジェクト国際北極海航路計画（International Northern Sea Route Programme：INSROP）、足掛け5年、1998年まで実施された多国間の共同研究。その活動の成果、14カ国390人の研究者の成果物、167編がまとめられたものです。

当該研究のきっかけは冷戦の終結を受け、ノルウェー大使からのお誘いでロシア、ノルウェーとともに民間研究所の共同研究として、冷戦期にロシアが蓄積した貴重なデータを活用し、将来に向け欧州と東アジアを結ぶ最短の海の道として、北極海航路を研究しようという企画です。「冷戦は終わった、これからは世界的な共同研究、共同開発、宇宙船地球号だ！」といった90年代の世界的な協調精神、大きなトレンドが感じられます。

ウクライナ戦争が起こってしまったいまとなっては信じられない雰囲気です。本当に、1990年代、ロシアはもはや脅威ではないというイメージが広がった時代でした。当時は日本政府もソ連の原子力潜水艦の解体費用を支援したり、日ロ共同の捜索救難訓練の実施やロシア軍艦の横須賀、東京寄港、国際観艦式への参加といったニュースで賑わっていたのですから。

1990年代の共同研究の流れ、2000年代に入っての気候変動、温暖化への関心の高まり、こういった世界の潮流や研究の進化を受け、国土交通省をはじめ政府内でも北極海航路に関する情報の収集や航路の調査が行われてきました。

一方、北極海航路の利用に関し、実際に主体となるのは民間事業者であり、各会社等が経営判断を行い、意思決定するには収集すべき情報や解明すべき課題が多数あるということで、２０１４年に「北極海航路に係る産学官連携協議会」が設置されました。

その後ロシア、シベリアにおけるヤマル油ガス田等の開発が進み、徐々に北極海航路の利用が進みます。実際に経済的にペイするのか、という疑問があります、それに対し、北極航路利用によるコスト削減効果を確認した、という報道がありました。

２０１０年夏、ロシア海運最大手ソフコムフロートの大型タンカーが、北極航路による大量輸送の可能性を実証することを目的とする航海を実施しました。そのタンカーは、天然ガス副産物の軽質原油コンデンセート約7万ｔを積載し、航路の一部では砕氷艦の先導を受けつつも、24日間で中国寧波《ニンボー》に到着しました。これはスエズ運河経由の航路と比較して約11日を短縮し、費用も約15％削減できたということです。

ただし、民間船舶業界の方々に伺うと、欧州と東アジアを結ぶ最短航路とはいっても、最近の海運の中心的な役割を果たすコンテナ船等は、厳しい時間の制約を受ける、というのです。定時運行はフェリーなどの国内旅客輸送のみならず、海外の物流でも厳しく求められます。となれば、２０２１年11月にあったような、急激な寒波襲来で貨物船等が20隻以上も閉じ込められる事態はもとより、「氷の状況で２～３日入港が遅れます」という状況も、リスクになります。

北極海航路に挑んだ先人たち

ヨーロッパから黄金の国ジパングや香辛料の原産地アジアに向かう航路として、北極海経由の航路が近いことは大航海時代の頃から考えられていました。

エンリケ航海王子率いるポルトガルでは、バーソロミュー・ディアスやヴァスコ・ダ・ガマがインド航路を開拓し香辛料貿易、アジアへの進出を図ります。

同じくカトリックのスペインは、クリストファー・コロンブスが大西洋を横断してアメリカ大陸に到達、フェルディナンド・マゼランが南米南端経由で世界一周を達成します。この当時、海洋先進国はポルトガル、スペインでした。そこで後発の英国、オランダは北極海経由でのアジアを目指すことになりました。

しかし、当時は氷の状況も厳しく、特に北西航路は悲劇の連続でした。1576年に、フロビシャー（英）がハフィン島に到達、金色の鉱石を持ち帰りました。これは後日黄鉄鉱だと判明するのですが、当時は期待に満ち、金鉱開発のために船団が送られました。

ハドソン（英）は1610年、アメリカ大陸を抜けて太平洋に出たと思いましたが、そこは大きな湾（ハドソン湾）でした。越冬中に船内で反乱が起き、ハドソンは行方不明となりました。

フランクリン（英）は１８４５年、５年分の食糧を積み込み２隻の船、１２９名で北西航路に向かいましたが行方不明、全員遭難となりました。その後、フランクリン隊捜索のため、多数のチームが北極海に派遣され、それまで空白だった地域の状況が明らかになり、地理的な発見が続きました。

ノルウェーのアムンセンは１９０３年、乗員６名とともに47ｔのヨア号で北西航路に向かい、３度の越冬ののち１９０６年、北西航路通航に成功しました。

北東航路では、ノルデンショルが初航海を成功させます。このあたりの経過は高橋修平オホーツク流氷科学センター長がまとめた一覧があります。

グリーンランドに大規模な米空軍基地を設置

時代は戻りますが、ロシア革命によって誕生したソビエト連邦は北極海航路を排他的に利用したため、外国船は利用できない状態が長く続きました。特に冷戦期は厳しい米ソの対立が続くことになりました。

普段私たちが目にすることが多いメルカトル図法の世界地図ではわかりにくいのですが、北極のことを考えるときは地球儀やグーグルアースを見て、地球の真上から見下ろすような感じで考えていただきたいと思います。

冷戦期の北極海は、核兵器を搭載した爆撃機や弾道ミサイル搭載潜水艦が作戦する海域でした。弾道ミサイルや飛行機は、北極の上空を経由して飛行するのが最短ルートだからです。

そのため、米国を中心とする西側は、グリーンランドに大規模な米空軍の基地を設置し、ソ連爆撃機を迎撃する準備、あるいは逆にソ連攻撃の備えを行います。また、そういった北極上空の状況を監視するため北米航空宇宙防衛司令部（North American Aerospace Defense Command：NORAD）が米国とカナダ共同で設置され、警戒システムであるレーダーサイト（パインツリー・レーダー網）をカナダ・アラスカの北極海沿岸に一定距離ごとに設置する態勢がとられました。

探検家の植村直己は、北極圏をグリーンランドからカナダ経由アラスカまで1万2000km、1年半かけて犬ぞりで踏破しますが、その最中にこのレーダー基地を利用しています。1975年の大みそかにはカナダの基地から宇宙中継を利用し、横田基地経由で東京まで電話したとあります（植村直己『北極圏1万2000キロ』）。その当時すでに衛星中継を利用した軍用電話システムが、人里離れた北極海のカナダ沿岸で利用されていたことに驚きを感じるとともに、即応態勢を構築、維持していたことがよく理解できます。

北極海航路に隠された問題——航行の自由か、沿岸国の規制か

航行方式に関する、ルール適用の問題が生起しています。その原因は、北極海をめぐる沿岸国の過剰ともいえる権利の主張です。

カナダは１９７３年、外務省の発した書簡において明記したことをきっかけに、北西航路を含む北極海群島の内側を「歴史的内水」であると主張するようになりました。この主張に対し、隣国であり同盟国でもある米国は、主に安全保障上の観点から、北西航路は「国際航行に使用されている海峡」であるため、同海域では通過通航制度が適用されるべきであると強硬に反発しました（小山佳枝「北極海における航行制度の展開」『ＦＯＲＵＭ ＯＦ ＰＯＬＩＣＹ ＳＴＵＤＩＥＳ』２０１５年）。

「通過通航、何それ？」と思われた方が多数だと思います。本当、難しいですよね。先の海洋法のところで無害通航のお話はしましたが、それよりももう少し通航する側に自由度があるのが通過通航制度です。たとえば、潜水艦は領海においては無害通航という条件では浮上し、国籍を示す旗を掲げる等、無害状態で航行しなければなりませんが、通過通航では通常の形態（ノーマル・モード）での航行および上空飛行の権利が認められます。

どういうことかというと、潜水艦のノーマルな状態、すなわち潜航したままでの通過が可

能となります。航空母艦ですと飛行機の発着艦の行動しながらでもＯＫ！　ということです。

米軍は原子力潜水艦が実用化され、北極海でのノーチラス号の航海の昔から、潜ったままで大西洋側からも北極海に入っており、いまでも継続しているはずです。それが突然「内水だから浮上して通航せよ」という話は受け入れられません。「は〜ん、何それ」という感じです。ここに米国とカナダという同盟関係にある隣国ではあるけれど、主張の相違がありま す。

カナダ側でもアメリカのこういったある意味、横紙破りの主張がまかり通るのは、カナダが原子力潜水艦を持っておらず、なめられているからだといった主張もありましたが、互いに問題を大きくすることなく現状は進んでいます。

温暖化が進行し、北極海航路の実用化が進めば、こういった国際法的な解釈や位置づけをめぐって今後、論議が高まることになるでしょう。

北極埋蔵資源：未発見天然ガスの30％、石油13％が眠る「宝の土地」

米地質調査所（US Geological Survey：ＵＳＧＳ）は２００８年、北極圏には未発見の石油の13％、天然ガスの30％が眠っていると発表しました（図９）。このニュースはあっという

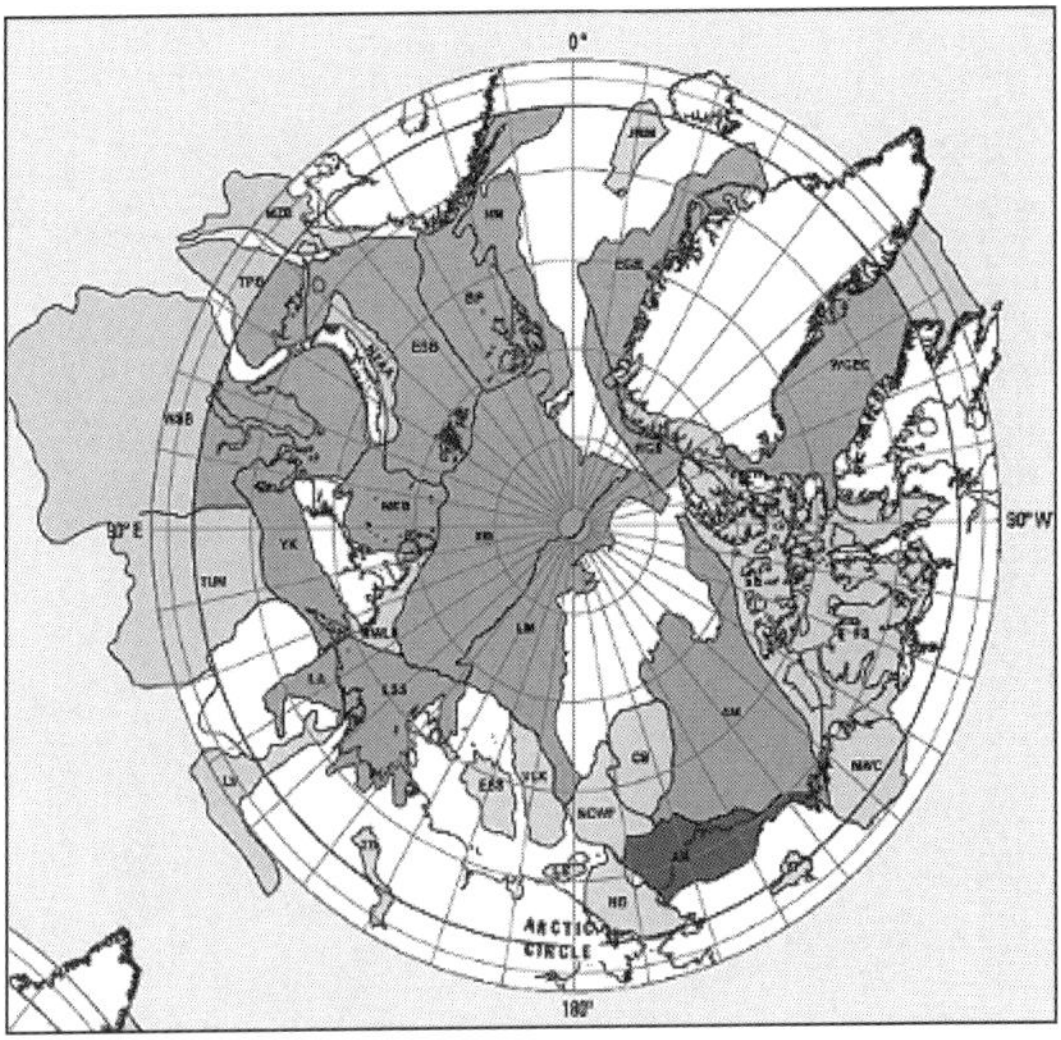

図９：未発見石油の推定埋蔵地図
出所："Estimates of Undiscovered Oil and Gas North of the Arctic Circle," USGS Fact Sheet 2008-3049.2008.

間に世界中の反響を呼びます。そして、その多くがロシアの管轄地域に存在すると予想されています。

　北極海におけるロシアの大陸棚は面積で沿岸５か国全体の大陸棚の60％を占めており、かつかなりの部分が石油・ガスが存在しそうな陸の堆積盆地の延長となっています。具体的にはバレンツ海とカラ海が有望であり、特にバレンツ海は冬季も結氷しない、という操業上の好条件を備えているとされています。また資源の多くは水深５００ｍ以浅の海底にあるため、比較的容易に採掘可能であろうと見られ、非沿岸国の関心も高まり、中国海洋石油総公司や、韓国鉱物資源公社等による開発の動きが加速しています（本村眞澄「北極圏の石油・ガス資源開発はなぜ必要なのか？」）。

バレンツ海の中央付近にあるシュトックマン・ガス田は冷戦末期の１９８８年に発見され、ロシアの時代になって西側技術を導入し、開発が試みられましたが、陸から５５０㎞離れているという地理的なハンディや厳しい技術的条件から２０１３年から事業は棚上げとなりました（本村「ロシア北極圏の石油・ガス開発の現状」）。

実際に海底油田の開発で実績があるのはバレンツ海の南東部、ペチョラ海と呼ばれる海域で発見されたプリラズロムノエ（Prirazlomnoye）油田です。この油田には着底式プラットフォームが設置され、２０１３年から生産が開始されました。

この生産にあたっては環境保護ＮＧＯのグリーンピースが、氷海における原油流出対策が不十分であるとして、プラットフォームへ乗り込み、抗議活動を実施します。これに対しプーチン大統領は沿岸警備隊を派遣、活動家たちに対し警告射撃まで実施し逮捕するという強硬な姿勢を示し、世界的なニュースとなりました（"Warning shots fired as Russia detains Greenpeace activists at Arctic oil rig," RT World News, 18 Sep, 2013）。その後も北極海初の海底油田として操業の実績を積み重ねていきます。

北極海の海底は誰のもの？ 大陸棚問題

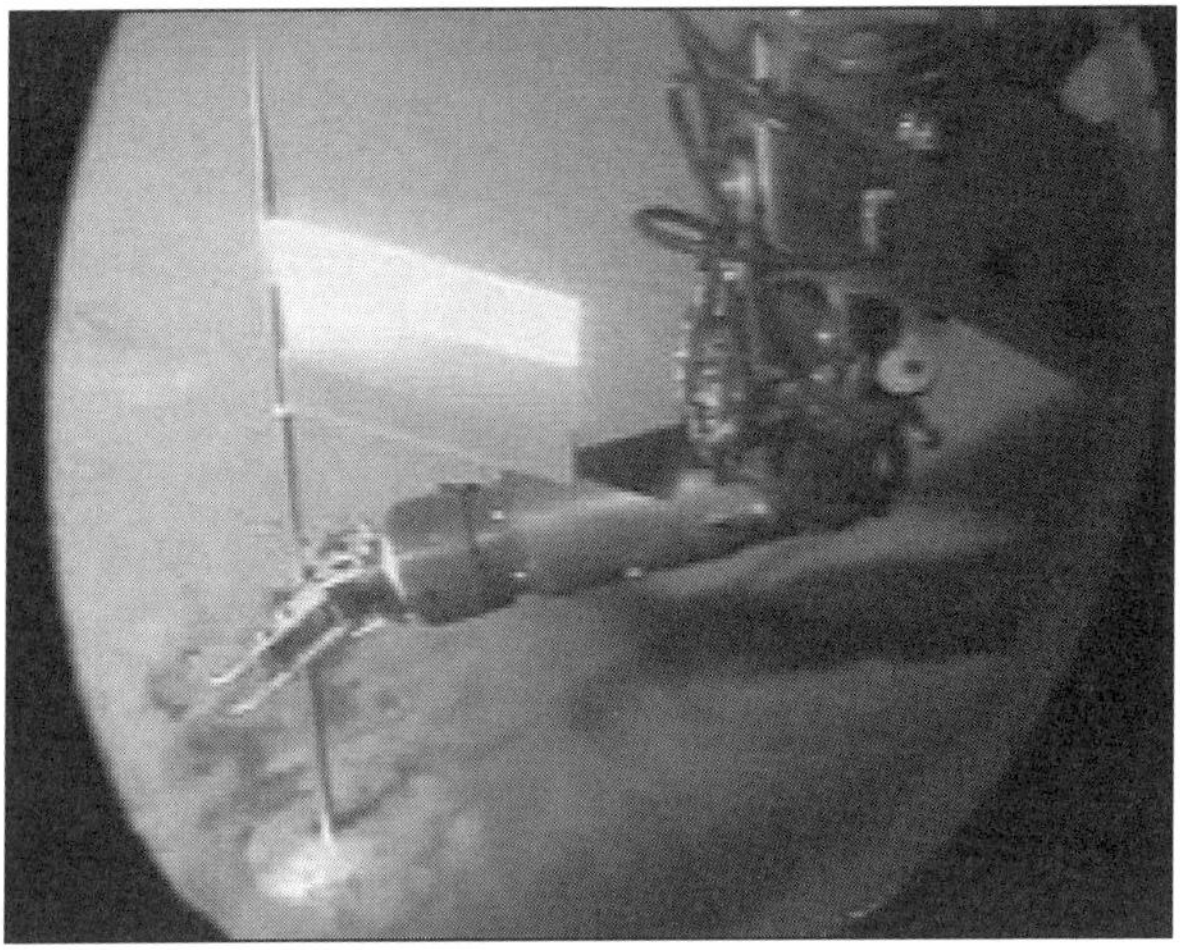

図10：ロシア小型潜水艇、北極点海底下に国旗設置
出所：ロイター TV（"New soil samples prove the Arctic is ours: Russia、" Reuters, SEPTEMBER 20, 2007）

２００７年夏、ロシアは2隻の深海潜水艇を北極点海底まで送り込みます。目的は海底地質の調査。大陸棚が北極点下まで続いていることを国連の大陸棚限界委員会（Commission on the Limits of the Continental Shelf：ＣＬＣＳ）へ再申請するための科学的データ収集です。

実はロシアは過去、２００1年にもロモノソフ海嶺をはじめとする北極海海底に対する権利の主張を試みたことがあるのですが、申請から3年後、ＣＬＣＳからデータが不足と申請を却下され、再調査となっていたものです。

その調査活動の潜水艇による調査に併せて、北極点の海底にチタン製の国旗を立てました（図10）。これは国際法的には意味のない行動ですが、政治的にはインパクトのある、「ここまで続くロシアの大陸棚」という主張を誇示したものとして、世界中にニュースが広がりました。カナダのマッケイ外相は「15世紀ではないのだから、世界のどこかに行って旗を立てただけで『我々のものだ』ということはできない」と、警戒感を露わにしていました。

大陸棚限界委員会は、国連海洋法条約の関連規定および同委員会が採択した「科学的・技術的ガイドライン」に従って、沿岸国が提出した情報を検討し、勧告を行います。沿岸国がその勧告に基づいて設定した大陸棚の限界は、最終的なものとなり拘束力を有するものとされています。

執筆時点（2023年1月）で、申請提出（Submissions）数は92、勧告（Recommendations）数は35となっています、簡単には認められないことは数字からだけでも理解できます……と書いていたら、2月になって、ドキッとするニュースが流れました。

「国連の大陸棚限界委員会がロシアの申請を承認した」"Russia gets approval for the data behind much of its Arctic Ocean seabed claim," というニュース（Arctic Today, February 17, 2023.）です。ニュースを読むと、ロシアの提出した申請を受理し、検討した結果、勧告としてその多くの部分に関し、申請を認めるという方向です。しかし、重複する海域に関して、国連の同委員会は仲裁役は果たさないし、デンマークもカナダも申請しているので（米国は

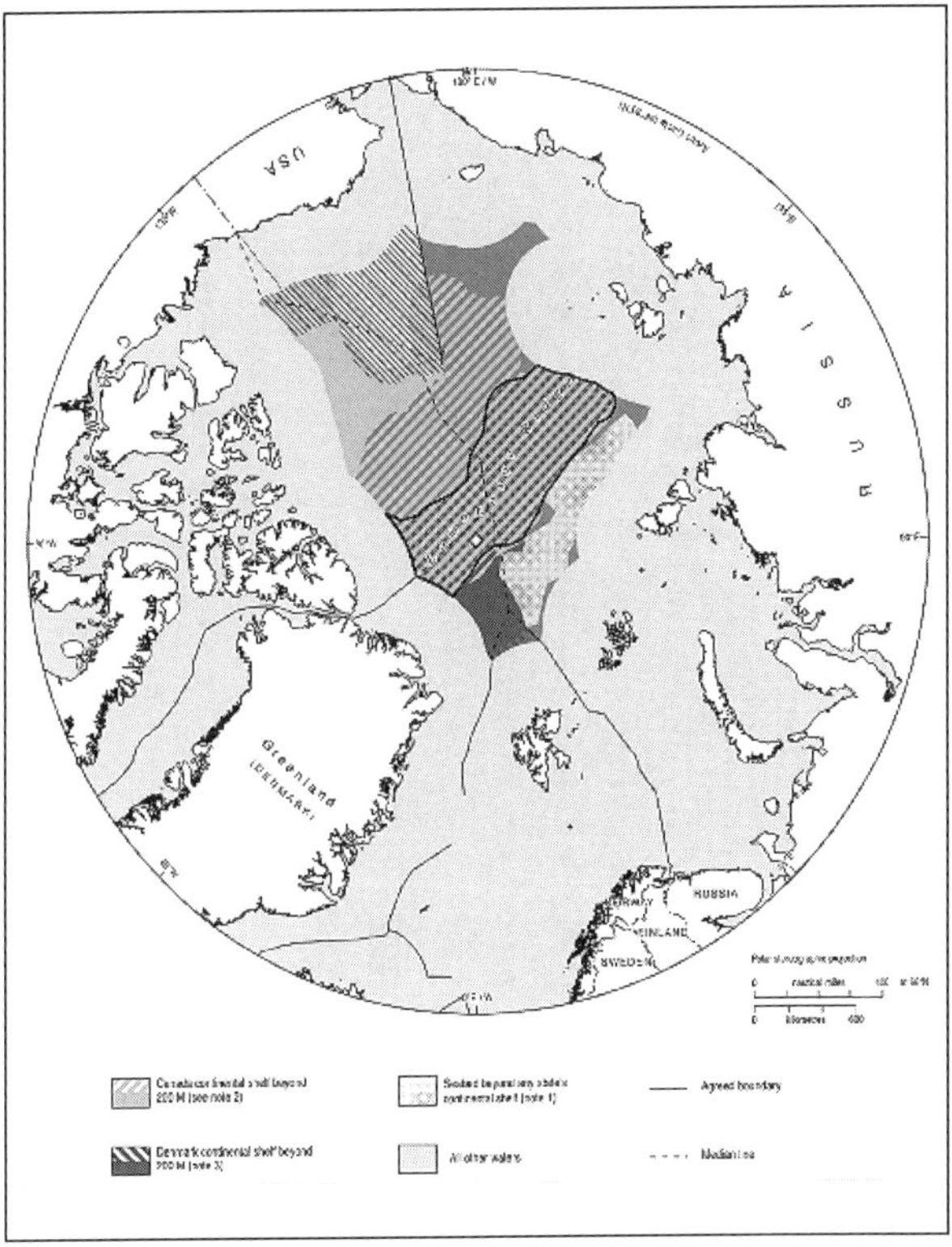

図11：北極海における海域、大陸棚の重複
出所：英ダラム大学国際国境リサーチユニット
©IBRU, Durham University, UK

未提出)、北極海の中央部分に関して、ロシアの大陸棚を認めるというものではない、といった感じです。

記事から数字的なものを拾っておきますと、「北極海の海底に対するデンマークの主張は、約89万5000平方km に達します。英ダラム大学の国境研究所によると、ロシアの主張と約80万平方km、重複しているそうです。

図11は、英国ダラム大学(Durham University)国境リサーチユニット(International Boundaries Research Unit:IBRU)が北極海の海域、大陸棚、各国の主張を整理した北極圏地図です。

初めてこの海域図を作成し、公開したのは2008年でした。その時に報じられたニュースでは「北極圏には天然ガスの鉱床や油田があることから、境界線をめぐっては今後、議論が紛糾する可能性を秘めている」となっていましたが、まさに予言的中。大学のホームページではその後の各国の新たな主張申請等を加味し、随時アップデート。最新の北極海地図公表は2023年1月、カナダの国連大陸棚委員会への申請を加味したものです。

北極海におけるカナダの総主張は約203万平方km、そのうち約150万平方km がロシアと重複するそうです。ちなみに日本の国土面積は約38万平方km、その数倍の面積ですから、簡単に譲るわけにはいかないのでしょう。これから確定までは長い交渉となるのでしょう。

北極海の係争海域問題に関しては、"IBRU Arctic Maps Series" に背景説明があり、地図で見る経年変化もよくわかります。
https://www.durham.ac.uk/research/institutes-and-centres/ibru-borders-research/maps-and-publications/maps/arctic-maps-series/

北極海の中央部分は？

図11の北極海の真ん中に近い部分は、どの国の沿岸からも２００海里離れているな、海底は大陸棚でもわずかだけど公海があるな、と思われたかもしれません。鋭い貴方なら。

しかし、ここにも最近、国際的な枠組みが誕生しました。中央北極海無規制公海漁業防止協定という取り決めです。現時点では北極海の中央は夏でも氷結していて漁業は実施されていませんが、温暖化が進行し、普通の海になれば世界中の漁船が勝手な操業をして、資源が枯渇する等の悪影響が考えられる、ということで、沿岸５カ国が漁業に関する科学的な知見の確認や将来の漁業についての議論を進め、２０１５年７月、中央北極海無規制公海漁業防止に関する宣言（オスロ宣言）を採択します。

その後、北極海沿岸５カ国は、この海域に関心があり、現在その技術的能力を有する日本、中国、韓国、アイスランド、欧州連合（ＥＵ）の５つの漁業国・機関に検討参加を呼びかけます。

そして米国（オバマ政権）の強い働きかけもあり議論が進められ、２０１８年10月にイルリサット（デンマーク）において、「中央北極海における規制されていない公海漁業を防止するための協定」が作成されました。締約国は、自国の旗を掲げる権利を有する船舶に対し、保存管理措置に基づいてのみ商業的漁獲および試験的漁獲を許可する、ということで、将来的な規制を定めたのでした。

この協定に至る政府間交渉は、北極海沿岸５カ国が２０１５年７月に「中央北極海における無規制公海漁業の防止に関する宣言」で合意したものが基礎となり、米オバマ政権の強い働きかけにより、北極海の漁業に関心を持つ、将来的に魚を取りに来る可能性のある周辺国を含めて協定づくりが進められてきました。

実はオバマ大統領、気候変動問題にも強い関心を持ち、実績の一つとして北極海の問題でも成果を上げようと様々な働きかけをしていたようです。

ロシアの主張の根拠は国連海洋法条約２３４条

大半が氷に覆われ、半分閉じたような北極海に適用される、国連海洋法条約（ＵＮＣＬＯＳ）第２３４条という特別な規定があります。石油タンカーの事故は時々世界でニュースになります。原油が海に流れ出し、海鳥が飛べなくなるとか、魚が死ぬとかいう映像がイメージされます。石油も元々は微生物の作り出したもの、時間がたてば分解されるのですが、北極海のように氷で閉ざされ、低温で、半分閉じたような、活動があまり活発でない海域で、いったん環境汚染が発生すると、とんでもない影響が残るかもしれない、という懸念から盛り込まれた条項です。

沿岸国はそのEEZ内における「氷に覆われた水域」において、船舶による海洋汚染の防止・軽減・規制のために海洋環境の保護・保全を考慮した法令を定めて執行する権利がある、ということです。

この条項、もともとはカナダ国内の法律から発展したようです。

カナダは「北極海域汚染防止法」を1970年に制定しました。その法律では、北極海域において、構造・設計に関する要件を満たさない船舶の航行禁止、船舶からの廃棄物の排出禁止、水先案内人の乗船の義務づけなどの規則を制定しました。この法律は、制定当時には国際法上沿岸国に許容される管轄権の範囲を逸脱するもの、と批判を受けたのですが、その趣旨が世界的に認められ、国連海洋法条約において氷結海域における規定として第234条が導入されることとなったそうです（西元宏治「北極海のガバナンスとその課題」）。

ロシアも従来から、シベリア沿岸の北極海航路の一部を内水と主張しており、また北極海航路通航を計画する船舶に対しては、夏季においてさえ、ロシア側への事前通報とロシア砕氷艦によるエスコートを受ける義務を主張しています。こういったカナダやロシアの主張の根拠はこの234条にある、ということです。

北極海をとりまく国々の思惑：イルリサット宣言

南極のように世界の国々が関与し、人類共有の財産、環境保護といった趣旨の新たな「北極○○保護条約」に向けて動き出しそうな世界に向かって、沿岸5カ国が「北極は海、海ならば海のルールで決める。だから域外国の介入は不要です」。これを高らかに宣言したのがイルリサット宣言（Ilulissat Declaration）です。

温暖化で北極海の融氷が現実味を帯びるにつれ、図4に見るように、排他的経済水域・大陸棚延伸が重要な問題となります。その主張、権利擁護のため2007年のロシアによる北極点下国旗設置等、各国の軍事力・主権誇示活動が活発化することにより緊張が高まりました。そこで沿岸5カ国が集まり、2008年にグリーンランドのイルリサットで開催された「北極海会議（Arctic Ocean Conference）」において協議し、領土問題や関連する資源開発等は沿岸国の問題であり、北極海沿岸諸国は、北極海の紛争解決には国連海洋法条約を含む既存の国際法に則《のっと》ること、南極条約のような包括的な新たな枠組みを拒否すること等で合意し、イルリサット宣言を採択するに至ったのでした。

この背景には、南極条約のような域外国も参加する多国間の枠組みで余計な制約を受けたくはない、という沿岸国の思惑が見て取れます。

第2章

北極海をめぐる対立の歴史

カナダの法律制定に見られるように、温暖化で進む北極海の変化、可能性、どういった事態が生起するのか、利権は、と来るべきその日に備える各国の思惑が対立し、様々な軋轢《あつれき》を呼びつつあります。

私の手元に"Newport Manual on Arctic Security"というタイトルの本があります。2022年11月出版です。ニューポートというのは米海軍大学のある、米国北東部ロードアイランド州の街です。

米海大を中心に、3年がかりのプロジェクトで欧米の北極海の専門家が集まり、北極海の安全保障問題に関し議論し、研究した結果をまとめた本です。その前書きもマハン先生への言及、シーパワーから始まっています。ということで、この章では海洋戦略の大家、マハンのシーパワー論から、海洋の重要性、チョークポイント、海上交通を理解していただき、それをめぐる沿岸国の対立や協力の歴史をざっと見ていきたいと思います。

マハンのシーパワー論

北極海が氷で閉ざされてきたことは先に述べましたが、ヨーロッパ方面、大西洋から入ってスカンジナビア半島の北側からロシアにかけてのバレンツ海は海流の影響もあり、その一部は冬でも凍らない海でした。たとえばロシアのムルマンスクは不凍港として有名で、ソ連・ロシアの北方艦隊の基地となっています。

ここでシーパワーという一般の方には耳慣れない用語を使って欧州大陸から大西洋への出口、その重要性について地理的・歴史的価値、地政学的な見方を説明したいと思います。実はこのあたりが私の本業ですので、ちょっと寄り道が長くなりますが、ご容赦願います。

世界の歴史を海洋の支配という観点から整理したマハン（Alfred Thayer Mahan）はアメリカ海軍の士官であり、歴史学者であり地政学の元祖ともいわれている先生です。

海洋国家特に大英帝国発展の歴史を分析し「シーパワー」という概念を提示して、その重要性を説き、大国発展の陰にシーパワーあり、という説を唱えます。本国アメリカ、題材となった大英帝国はもとより、20世紀新興国家ドイツと日本でも広く読まれ、それぞれの国の海軍建設に大きな影響を与えました。

日本との関係も深く、幕末には米海軍軍艦イロクォイ号（USS Iroquois）副長として、日本に1年以上も滞在しています。大阪湾に停泊中、鳥羽・伏見の戦いから逃れ江戸に移動する徳川慶喜《よしのぶ》一行を一時的に乗艦させ、保護したり、明治海軍の期待の若手士官、秋山真之《さねゆき》の米国留学中に薫陶を授けたりと、縁の深い方です。

マハン先生の説を私なりに咀嚼《そしゃく》しながら説明します。

そもそも、人類は太古の昔から、大量の物資を運搬するのに水の浮力を利用してきました。筏《いかだ》、丸木舟、それが浮かぶ場所が海水であろうと淡水の湖、河川であろうと、陸上を人間があるいは馬、牛、ラクダといった動物で運ぶのと比較して一桁も二桁も違う重量、容積のものを運ぶことができました。

例として、お米を運ぶことを考えてみましょう。江戸時代の千石船と馬の背中で米俵を運ぶことを考えてください。お米の俵、時代や地域により換算率や基準の重さが違うようですが、1俵60kgサイズで考えてみます。馬1頭にせいぜい3俵、人間がそれを引っ張るのにまあ2、3頭がよいところでしょうか。とすれば一人が馬を使って陸上で運べるのがおよそ9俵分。古代には5斗を1俵とする定めであったものが、地域により5斗から2斗までの差が生じたため、明治以後四斗に統一されたらしいです。

1石=10斗ですから、換算すると2・5俵で1石となります。9俵ですと、4石弱を一人が運べる、これが陸上の運搬です。

一方、海の上、千石船は二十数人で運行していたといわれています。1000÷20=50石。まあ大雑把な計算ですが、江戸時代で比較して、およそ10倍以上のお米を人間一人当たりで運べた、ということになります。

これが現代の大型タンカーや貨物船では、何十万tとか何百万tの石油や鉄鉱石を20人とか30人の船で運べるのですから、桁違いに効率的であることは直感でご理解いただけると思います。

大英帝国、ローマ帝国発展の陰には「海の支配権」が

船はガレー船から、帆船、大型帆船へと進化し、地中海貿易から大西洋、太平洋、世界一周、大航海時代へと入ります。南米から金銀財宝、東南アジアやインドから香辛料やお茶、様々なものが世界中のネットワークを通じ交易、貿易が拡大します。

産業革命前後の英国では、海外植民地からの原材料輸入、本国での生産、海外への販売が行われ、経済規模が拡大、国力増進となります。これらの経済活動の循環をマハンはシーパワーの連鎖の環と呼び、大英帝国発展の陰に、海洋支配があったと言うのです。

また、カルタゴを破ってローマ発展の礎を築いたスキピオ、ナポレオン戦争で英国勝利の立役者となったウェリントン。この両者に共通するのは、勝者の側に「海の支配権」があったことであり、過去の歴史家はそのことに言及しなかったと主張します。大国発展の歴史を見るとき、海からの視点が重要であり、海運を支える商船隊と港湾を中核とする根拠地、これらを保護・助長する存在としての海軍があり、これらの総称として「シーパワー」という言葉をキャッチフレーズとして発明しました。

ローマ帝国も大英帝国も海洋支配があり世界大国になった、シーパワーが重要だ。これを

新興国家アメリカで説くのです。本国アメリカでは徐々に、ドイツ帝国やアジアの新興国家日本では国家発展のキーワードとしてシーパワーが高く評価され、海軍・商船隊拡充、植民地獲得へと進むのでした。

世界交通の重要航路を管制できる位置を占めること

マハンはシーパワーに影響を及ぼす条件として、(1)地理的位置、(2)地勢的形態、(3)領土の規模、(4)人口（総数ではなく、有事に海軍力に転換し得る人的資源）、(5)国民性（通商適性、起業家精神、冒険心）、(6)政府の性格、の6要素を挙げ、大国発展の背景を説明します（A. T. Mahan. The Influence of Sea Power Upon History, 1660-1783）。

自らは外洋への進出が容易で、かつ世界交通の重要航路を管制できる位置を占めるならば、その国の地理的戦略価値はきわめて大きいとし、ライバル国ロシア・ドイツに対する英国の強点を条件の1番目として説明します。

長くなりましたが、この地理的条件の戦略的重要性を説明したところにマハンの慧眼があり、地理と国際政治・戦略のドロドロとした関連性を理論的、歴史的な観点から強調する発想、大陸国家と海洋国家群の対立といった考え方、こういった思想がのちに地政学として発展することになります。

マハンを詳しく知りたい方は麻田貞雄先生の『マハン海上権力論集』が、広く海軍や海の地政学を知りたい人は竹田いさみ先生の『海の地政学』がおススメです。

冷戦期の対立――「GIUKギャップ」の重要性

では実際に、英国の地理的位置の重要性を考えてみたいと思います。

冷戦期の対立では欧州大陸の東西ドイツ正面が陸上での前線だとすれば、海上でのそれはGIUKギャップでしょう。

図12の地図を見てください。大英帝国の長年のライバル、フランスを封じ込めるには、ビスケー湾沿いの封鎖や地中海への艦隊派遣とか大変な努力が必要でした。一方ヨーロッパの内陸国、ドイツやロシアが大西洋に出ていくには大陸と英国の間、英仏海峡か、「GIUKギャップ」と呼ばれるグリーンランド（G）、アイスランド（I）、英国（UK）を結ぶ島嶼《とうしょ》線を越えて進出するしかありません。

このラインを越えて外洋に進出することの困難さ、争いの厳しさは過去の戦争や対立の歴史、第一次、第二次世界大戦および冷戦の時代が教えてくれます。

冷戦期の厳しさをイメージするには、トム・クランシーの小説『レッド・オクトーバーを追え』や、第三次世界大戦を描いた『レッド・ストーム作戦発動（ライジング）』における潜水艦戦、対潜戦の場面が大変面白く、イメージが湧くと思います。

実際の戦史では、何といっても第二次世界大戦中のビスマルク撃沈作戦およびＵボート（ドイツ潜水艦）との戦い、「大西洋の戦い」（Battle of the Atlantic）の記録やノンフィクション・シリーズの動画、解説等でしょう。

大西洋での船団攻撃、通商破壊を企図するドイツ新鋭、不沈戦艦と称せられたビスマルク出撃、その報に接した英国海軍の必死の捜索と追跡、攻撃は各種ノンフィクション作品や映画作品となっていますが、いずれもＧＩＵＫギャップでの探知、追尾が大きな山場です。どれとは言いませんが数多くの映画やドキュメンタリーが動画サイトにありますので、よかったらどうぞ。

自己紹介で述べた『女王陛下のユリシーズ号』の場面もこのあたりの海域からノルウェー沖、バレンツ海です。Ｕボートが跳梁《ちょうりょう》跋扈《ばっこ》し、過酷なまでの強風と寒気が迫る海です。Ｕボートもフランスを占領してロリアンやブレスト等の基地が使用できるまでは、ドイツ本国から北海経由ＧＩＵＫギャップを通り抜け、大西洋に向かうという遠回りをして、船団を襲っていたのでした。

チョークポイントで阻止する

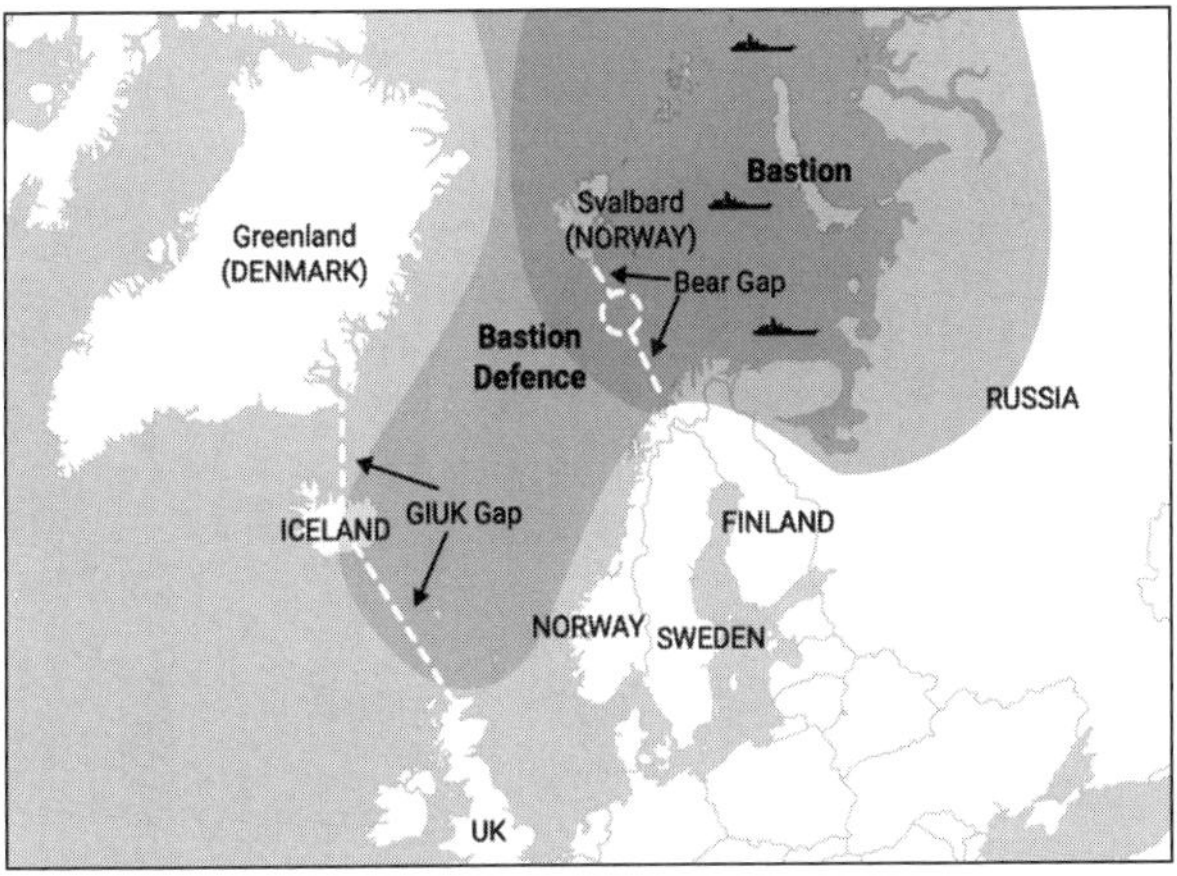

図12：GIUK ギャップとロシアの防衛ライン、ベア・ギャップ
出所：RAND 研究所報告書（James Black, Stephen Flanagan, Gene Germanovich, Ruth Harris, David Ochmanek, Marina Favaro, Katerina Galai, Emily Ryen Gloinso "Enhancing deterrence and defence on NATO's northern flank," 2020 RAND Corporation.2020.

冷戦期間中、NATO諸国は、ソ連潜水艦がこのラインを越えて大西洋に進出し、海上交通の破壊を行うと考えていました。第二次世界大戦と同様に、北米からの欧州への弾薬、燃料その他の物資を運ぶ商船や輸送船や軍艦を攻撃に出てくる。そういった海上交通を守るため、チョークポイントで阻止をしようと頑張っていました。

　マハンが概念として、自分はさっさと外洋に出られるのに、ライバル国の進出に蓋《ふた》をして意地悪ができる地理的位置について、その重要性を一番に説いているのは、こういった戦略的、地理的な重要性です。これが作戦、戦争の帰趨《きすう》に大きく影響するのです。これはこの後もグリーンランドの重要性とかアイスランドへの工作等でたびたび出てきます。ぜひ皆さん、この地図と、そこに描かれている島々の重要性を忘れないでください。

日本に期待されていた三海峡封鎖

逆のソ連、ロシア側にとっては、バレンツ海をソ連の戦略潜水艦の聖域（バスチョン：Bastion）としようと考えていました。

核兵器の運搬手段としては戦略爆撃機、陸上から発射する大陸間弾道弾（ＩＣＢＭ）、そして潜水艦発射の弾道弾（ＳＬＢＭ）の三本柱が基本です。その中でも最も残存性が高いのが潜水艦であるとされています。最後の砦です。その戦略潜水艦の安全性を高めるために、パトロール海域を相手側の攻撃的な兵器、たとえば攻撃型原子力潜水艦（ＳＳＮ）なんかが入ってくるのを阻止しよう、と考えます。それがベア・ギャップ、アジアではオホーツク海がそれに当たります。となれば、北方領土の返還になかなか応じない、米軍基地建設への抵抗も、背景にこういった戦略的な作戦構想があると考えられます。

私が若かりし頃、本屋さんには『第三次世界大戦』シリーズのような本が多数並んでいました。いまで言えば「台湾海峡危機」とか「米中もし戦わば」的な感じですが、もっと平積みで種類も多かったように思います。

そこで期待されていた日本の役割は三海峡封鎖でした。極東ソ連海軍の１００隻に及ぶ原子力潜水艦や水上艦艇は、宗谷、津軽、対馬海峡のいずれかを通らなければ外洋に出られません。そこを封鎖するのが自衛隊の役割といった感じの本がいろいろとありました。

欧州側ではＧＩＵＫギャップ、太平洋側では三海峡。それが冷戦時代の焦点だったのです。ソ連は宗谷海峡の通峡を確保するために北海道の北側を占領しに来る、といったシナリオが語られていました。それをいかに阻止するか、そういったユーラシア大陸のあっちとこっちで似たような感覚、作戦の意識が育ったのかもしれません。

中国資本によるグリーンランド島の元海兵隊基地購入計画

同盟関係には、プラスの面もあればマイナスの側面もあります。基地問題は日本でも議論がありますが、グリーンランドにも大問題がありました。その中でも最大のものは、核兵器の事故でしょう。

北極は、核兵器で対峙《たいじ》する東西両陣営の最前線。水中では戦略潜水艦が、空中では核兵器搭載爆撃機によるパトロールが24時間３６５日、継続していました。そして搭載機に火災等の不具合が生じれば、核兵器の事故に繫がります。"Broken Arrow"です。「ブロークン・アロー」とは核兵器の事故を意味する米軍の略語であり、そんな名前の映画もありましたが、冷戦時代にはスペイン沖墜落事故も含め、複数回あったようです。

グリーンランドの地理的重要性は先に述べたとおりです。米軍基地が最初にグリーンランドに設置されたのは、第二次世界大戦中です。本国デンマークがドイツに占領されたため、在米大使と米国政府の間でグリーンランド防衛に関する取り決めが行われました。1941年4月、デンマークのカウフマン大使はワシントンで「グリーンランドの防衛に関する協定」に署名しました。

この条約は、グリーンランドに対するデンマークの主権を承認する一方で、グリーンランドに軍事基地を設立し、作戦行動する権利を米国に与えました。これに基づき、連合軍はUボートとの戦いのための哨戒機の基地、欧州に飛行する各種航空機の中継基地として使用することになります。戦後の1951年、NATOの要請というかたちで新協定が締結され、本格的な基地が設置されました。

その中には、未来的な軍事基地を目指した「キャンプ・センチュリー（Camp Century）」というものもありました。雪原の下に張り巡らされた地下トンネル内に研究所や病院、映画館、教会まであらゆる施設を整備し、電力は小型の移動式原子力発電装置によるものでした。気候変動によって氷床の融解が進み、その基地跡から汚染物質が漏れ出すといった環境破壊が指摘されています（Taagholt, Jørgen, and Hansen, Jens Claus. Greenland: Security Perspectives. 2001.）。

また、米軍基地の中には冷戦後には使用されなくなったものも複数あり、中国資本が購入しようと試みたケースもありました。関係者の証言として、２０１６年にデンマーク政府はワシントンから直接、中国資本によるグリーンランド島南部の元海兵隊基地購入計画を阻止するように指示された、という報道もありました。

チューレ事故――核兵器を搭載したB－52が炎上

このようにいろいろとグリーンランドでも発生した米軍基地問題で、最も禍根を残したのが核兵器の事故です。

冷戦期、米空軍は戦略爆撃機を空中待機させ、継続的に警戒するという作戦を実施していました。作戦名はクロームドーム（Chrome Dome）、のちジャイアントホイール（Giant Wheel）、24時間３６５日の空中待機です。時期により様々なコースがあったようですが、図13のように北米からグリーンランド上空飛行という、北極圏を飛行するコースもありました。

１９６８年1月、パトロール飛行中のB－52が火災を起こしました。最も近い基地、グリーンランド北部チューレ米空軍基地を目指すのですが、飛行継続が不可能となり乗員は脱出、機体はチューレ基地から約11㎞離れた場所にある氷原に墜落しました。

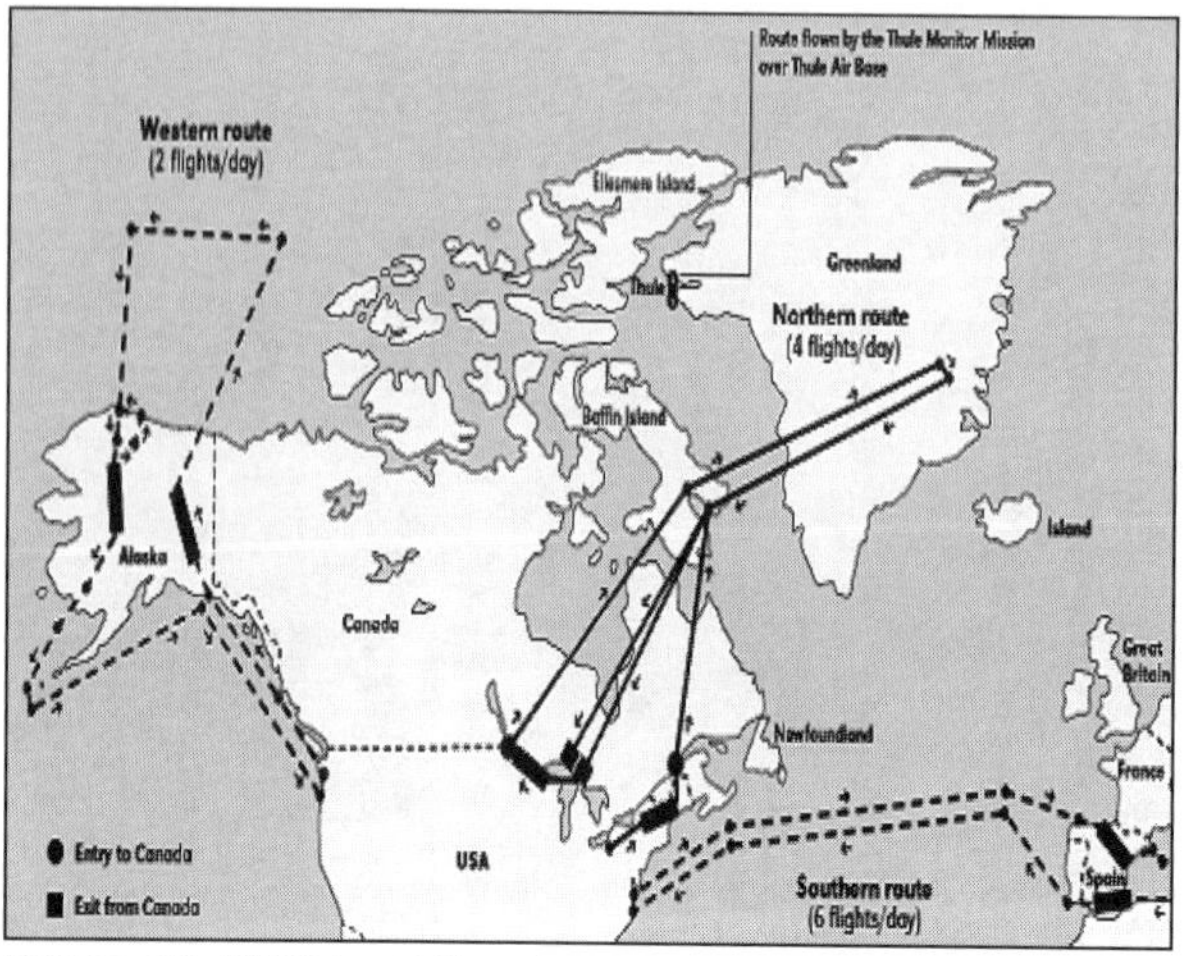

図13：クロームドーム作戦（Map of Airborne Alert routes for use by White House staff, 1966.）
出所：Greenland:Security Perspectives

搭載されていた4発の核兵器自体は爆発しませんでしたが、付近に散乱。捜索によって、放射線を浴びた破片を含んだ氷など数千個にも及ぶ破片類が発見されました。これら部品や爆弾破片の回収には現地の隊員以外にも近隣住民等が動員され、捜索・回収用の基地まで設置し、大規模な捜索を実施しました。搭載核兵器4個のうち1個が回収できず、氷が融ける4月には海中の捜索も行われましたが発見されず、捜索は打ち切られました。

その後、捜索に関わった軍人や基地勤務者の被曝《ひばく》問題や土壌、環境の汚染問題等が残ります。米国はデンマーク領内に核兵器を持ち込まないという非核化方針（Denmark's 1957 nuclear-free zone policy）に反するのではないか等、政治問題も発生しました。

また、捜索や放射能除去作業に関与した作業員が、被曝《ひばく》による疾病に対する賠償を求める、定期的な健康診断の補償を要求する等、米国内のみならず米・デンマーク間、デンマーク本国とグリーンランドの問題として様々な負の側面が残りました（高橋美野梨「ミサイル防衛とグリーンランド――「チューレ問題」から「イガリク協定」締結へ」）。

空中でも海中でも核戦略の最前線に

一方、この事故は１９５０年代に始まった核兵器搭載爆撃機による空中待機制度見直しの契機ともなりました（"U.S. Strategic Air Command, History Study #129, The SAC Alert System 1956-1970, 19 September 1973, Top Secret, excised copy," Alerts, Crises, and DEFCONs, Mar 17, 2021）。

１９６８年には核拡散防止条約（ＮＰＴ）が締結され、核兵器を含めた核物質の管理や監視など国際的なルールの整備が進むなか、「常時空中哨戒」（Continuous Airborne Alert：ＣＡＡ）という運用方針には疑問が持たれます。常時空中哨戒は、核兵器搭載爆撃機を常に空中に待機させることにより、核攻撃の迅速な実行を可能にし、地上での被攻撃を免れるための行動でしたが、誤情報に基づく誤発射や人為的ミスによる核戦争の危険が指摘されるなか、チューレ事故のような核兵器事故も生起しました。

こういった状況から、常時空中待機の危険性が認識され、地上待機中心に運用方針が変更されることとなっていきました。北極海は空中でも海中でも大変に厳しい東西対立、核戦略の最前線に位置していたということです（"The Airborne Alert Program Over Greenland,"）。

グリーンランドやアイスランドの地理的位置は不変です。ロシアとの緊張が高まる昨今、NATOあるいは米国側から見れば、再びグリーンランドやアイスランドが最前線となりつつある。そういった認識が、新たにミサイル防衛用のレーダーを設置する、アイスランドの閉鎖基地を再開し部隊を再展開する、といった活動に繋がっていきます。

「忘れられた海」

冷戦が終わってソ連あるいはソ連艦艇の脅威が低下し、北極海やGIUKギャップでの作戦は長い間、忘れ去られていました。しかし、大国ロシアの復活を掲げるプーチン大統領の近隣諸国、特に旧ソ連を構成していたジョージア（グルジア）への軍事介入（2008年）、ウクライナへの度重なる介入、そして2014年のクリミア半島併合により、緊張が増します。

NATOとしても情勢の変化を受けて、再び北の海に目を向け、脅威に対処すべく活動が活発になります。たとえば、ＣＮＡＳ（Center for a New American Security）という米安全保障関連のシンクタンクは２０１７年に図上演習を実施、その概要を公表していますが、そのタイトルがそのものずばり「忘れられた海（Forgotten Waters, Minding the GIUK Gap）というものです。

その概要は同シンクタンクのホームページで閲覧可能ですが、２日間にわたる図上演習、３つのシナリオへの対応、ミシェル・フロノイ（元国防次官、「バイデン政権で初の女性国防長官誕生か」の下馬評だった安全保障専門家）、ＣＮＡＳのＣＥＯ、マケイン上院議員の外交顧問だったリチャード・フォンテーン元ＮＡＴＯ事務次長等、錚々《そうそう》たるメンバーが参加してました。

報告書もダウンロード可能ですが、感覚的には「忘れてた～」「えらいこっちゃ～」という感じでしょうか。ＳＯＳＵＳ（Sound Surveillance System）、ＳＵＲＴＡＳＳ（Surveillance Towed-Array Sensor System）といった対潜戦を専門にしていた海上自衛官からすると、ドキドキするような単語が次々出てきます。「いや、何をいまさら、昔は常識だったでしょ！」と言いたくなる話もいっぱいです。

ＳＯＳＵＳシステムには、関係者のホームページ的なものがありまして、昔の様々な写真等を公表しています。その中に、アイスランドにあった米海軍の関連施設の入口の写真もあ

図14：アイスランドにあった米海軍施設の写真
出所：IUSS/CAESAR Alumni Association（IUSSCAA） website.

ります（図14）。

別の資料によれば、冷戦期にアイスランドとウェールズ地方に北極海監視用のシステムが設置されていた模様です。

作戦行動を制約する寒冷地特有の現象

実際に北極圏においても、冷戦期のレガシーあるいは寒冷地訓練の実体験ということで、2018年にはNATOの演習トライデント・ジャンクチャー（Trident Juncture 18）が実施されます。アメリカ海軍の航空母艦による冷戦終結後久々の北極海での行動です。

当然ながら、空母は単独では行動しません。攻撃力は強いのですが防御が弱いので、足元を固める旗本が不可欠です。巡洋艦とか駆逐艦・フリゲートといった護衛の水上艦部隊がお供します。

北の寒い海では恐ろしく寒いのです。波しぶきが氷となってマストや甲板に氷結したり、雪が積もったり、陸の上でも寒さ厳しい環境です。冷戦期の１９８０年代以降、最大規模での実働演習でした。ＮＡＴＯおよび同盟国から兵士約５万人、航空機約２５０機、艦艇65隻、陸上では最大1万台の車両が参加しました。

しかし、冷戦期では当然のごとく準備されていた寒冷地への対策が不十分であり、様々な不具合が発生、教訓が得られたということです。艦艇の通信、高緯度地方での衛星通信の困難性、低温でのアンテナへの着氷、レーダーの能力低下といった課題から、陸上で活動する隊員の保温ブーツや服装の問題まで、様々な課題が認識されたといいます（Captain Aric A. Ramsey, "Trident Juncture 2018: Lessons for the North Atlantic,"）。

たとえば、通信衛星のいくつかは赤道上空の静止軌道にあるものを使うようになっています。赤道直下ではアンテナは真上に向ければよいのですが、緯度が高くなればそれだけ横向きというか、感度が低下するのです。

また、オーロラが見られるということはそれだけ地球磁場が強く、宇宙からのいろんなものが降ってくる。電磁波には雑音が多くなる。こういった、われわれが普通に生活する中緯度や低緯度では意識しない事象が、作戦行動における制約となります。

こういった現象は、土地勘と言いますか、現地で経験しないとわからないことが多分にあります。NATOではこういった事情から、ノルウェーがホスト国となって演習場所や駐屯地の提供、様々な装備開発等に貢献しています。

アイスランドの基地および米海軍第2艦隊の復活

アイスランドの基地は冷戦終結により、軍事的価値が低下します。米軍はケプラヴィーク基地から2006年9月に撤退しました。アイスランドは自国の軍隊を保有していませんが、基地を提供することでNATOの一員としての役割を果たしてきました。

ロシアの脅威復活議論が高まる2018年、米海軍は第2艦隊を復活させました。7年間の空白の後です。艦隊復活の要因はロシアの攻撃型原子力潜水艦（SSN）の大西洋における活動活発化、ロシアの脅威への対処が指摘されていました。

アメリカ海軍の他のナンバーフリート（インド太平洋の第7艦隊は有名ですが、このように番号で呼称される艦隊）とは異なり、第2艦隊には固定された地理的境界、担任区域は設定されておらず、大西洋および北極海における戦闘即応態勢の維持と前方での作戦遂行に焦点を当てたものとされています（Sam LaGrone ,"U.S. Fleet Created to Counter Russian Subs Now Fully Operational,")。

冷戦後、大西洋における海軍艦艇の役割は、中南米における人道支援や対麻薬作戦に指向されていましたが、情勢が変わってロシアの脅威に対抗しなければならなくなった、ということでしょう。

時を同じくして、アイスランドのケプラヴィーク基地の再活性化が始まります。

後述しますが、冷戦後米国のアイスランドに対する態度はどちらかというとつれない感じでした。２００６年に米空軍が撤退後にロシア軍機による接近事案が発生したりするのですが、バルト三国への交代配備に比較して、アイスランドへの関与は熱心ではありませんでした。

ロシアの脅威が徐々に認識される２０００年代後半から、交代でのＮＡＴＯ軍機の展開が実施され、２０１４年には米海軍のＰ－８Ａ哨戒機が配備されるようになりました。２０２１年からはＮＡＴＯ空軍による交代配備、スクランブル対処が行われます。最初は、米空軍のＦ－15派遣部隊による24時間態勢の待機ミッションです。派遣部隊指揮官のカロッチ大佐は「ＮＡＴＯ空域における主権維持活動、極北の空域における任務遂行態勢は完璧に整った」と高らかに宣言しました（ＮＡＴＯホームページ「ニュース」２０２１年7月14日）。

カナダの積極関与政策——行使するか、さもなくば失うか

カナダはNATO加盟国の中で最も北極を強く意識し、関与しており、北極の国としてのアイデンティティを主張してきました。そのため、隣国であり同盟国でもある米国やデンマーク、ロシア等、他国と領土や海域、大陸棚問題、紛争を抱える一方、NATOの一員としては核対立の最前線に位置するという複雑な立場となってきました。第1章で述べたように、冷戦期からカナダは、米国と共同で北米航空宇宙防衛司令部（NORAD）を運用していました。

せっかくなので、寄り道を少々。このNORAD、近年ではクリスマス・イブにサンタクロースが世界中の子供たちにプレゼントを届けるために飛び回る姿を、地上のレーダーや航空機からの追跡情報を「NORAD Tracks Santa」というインターネットのページでリアルタイムで公表している、有名な司令部です。

このおしゃれなプログラム、1955年に子供の間違い電話に当時のNORAD司令官が出て、「サンタさんはどこにいるの?」の質問に「世界最高のレーダーがあるので調べてみましょう」とサンタさんの情報を教えたことがきっかけで、以来年中行事となり、現在まで継続し、さらには世界中に広がった温かなエピソードです。

本当、冗談が好きな米軍らしい対応ですが、ぜひ小さなお子さんがいるご家庭での「サンタさんはいつ来るの、どこにいるの？」という無邪気な質問には、ＮＯＲＡＤのサイトをお薦めします。毎年趣向が進化し、最近では日本語ページもあります。その時点までに何個配達したとかのデータも見えます。サンタさんが訪問した街の写真も出てきます。

しかしこの施設、本来はソ連から北極を越えて飛来するミサイルや爆撃機を捜索、追尾する施設です。冷戦期はカナダからアラスカにかけての北極海沿いに地上からの監視網、パインツリーという名のレーダー網を整備し、運用していました。

カナダ軍には北極海の防衛を任務とする部隊があり訓練もしていましたが、冷戦終了後、北極海の戦略的な地位は低下、北極での演習"NorPloys"は１９８９年を最後に終了、１９９０年には北極海におけるプレゼンス活動も終結したのです。しかし、温暖化が進み、２０００年にロシアにプーチン大統領が就任、大国復活を目指した動きが出てくると、カナダも再び北に目を向けるようになります。

カナダ海軍は２００２年、カナダには第３の大洋が存在することを「再発見」("rediscovered")し、新たな作戦を開始するようになります。"Operation Narwhal 2002"と呼称される演習が、税関等政府機関を含む統合演習として復活します。その後、２００５年には"Beaufort Sentinel""Hudson Sentinel"といった演習を実施し、北方の漁業監視のため艦

図15：トロント艦上で演習を視察するハーパー・カナダ首相（当時）
出所：カナダ国防省

艇を派遣するといった作戦を遂行します。
２００６年に自由党政権から保守党政権に交代以降、伝統的なカナダ北極の主権の防衛を強調する傾向が強まり、２００８年６月、「カナダ第一戦略」（Canada First Defence Strategy）を発表し、北極主権のための防衛の強化を強調するようになりました。２００７年からは主権誇示演習（ＳＯＶＯＰ：Sovereignty［主権］Operation）を実施するようになり、２００９年にはハーパー首相が演習を視察、「われわれは北極の主権に関する原則について『行使するか、さもなくば失うか（use it or lose it）であることを確信している』と、刺激的な演説を行いました。

後日、とある会議でカナダ海軍士官に聞い

たところ、この写真撮影は大変だったそうです。首相のタイトなスケジュール、波穏やかでヘリで移動ができ、潜水艦と砕氷船、航空機のスケジュールが合わせられる、奇跡のショットだそうです（図15）。

この年、カナダ政府は「北方戦略：我々の北、我々の遺産、我々の未来」と題する報告書を発表しました。

その内容は、①北極における主権の行使：北極におけるプレゼンスの強化、管理の改善、領域の定義および北極についての知識の向上、人的側面の改善、②社会的・経済的発展の促進、③環境遺産の保護：北極科学における世界規模でのリーダーシップ、北方の島嶼《とうしょ》および水域の保護、④北方ガバナンスの改善および付託：北方の内部での政策および戦略の決定、正しいツールの供給、これに加え、北方戦略の国際的側面として、隣国との協力および北極評議会への対応等を優先課題とし、カナダとしての北極への積極関与の方向性、具体性を示したものとなりました。

実は、カナダは隣国アメリカとの間で、未解決の領域確定、アラスカ州とユーコン・テリトリーに面するボーフォート海の境界問題があります。また、デンマークとの間にはハンス島の領有権をめぐる対立もありました。これはウイスキー戦争と呼ばれる興味深い対立でした。

ハンス島をめぐる「ウイスキー戦争」

カナダとデンマーク（グリーンランド）の間に、面積1・3平方㎞の小島があります（図16）。沿岸部は強い海流で取り囲まれ、人を寄せ付けず、氷で覆われていることの多い島です。この島はその形状から、カナダの北部に住むイヌイットの間で「タルトゥパルク」（グリーンランド語で「腎臓」の意）と呼ばれており、カナダとグリーンランドの先住民が何世紀にもわたり、ホッキョクグマなどの狩猟を行ってきた島です。

19世紀、欧米の探検家が北極圏を目指します。その際、イヌイットのガイド、スエルサックがこれらの任務のいくつかに協力しました。彼は探検隊員から「ハンス・ヘンドリック」という愛称で呼ばれていたので、その名前をとり、1872年にハンス島と名付けられました。

1970年代、カナダとデンマークは北極圏の国境線をめぐって争うようになります。当初は大きな地図に線を引っ張って国境としたのですが、拡大してよく調べると、島があった。両国で海上境界線を正確に引くため、交渉するのですが、両者ともにハンス島の領有権を主張することとなり解決には至りませんでした。

1983年、カナダの石油会社が北極圏の効果的な掘削《くっさく》方法を調査する一環として、ハン

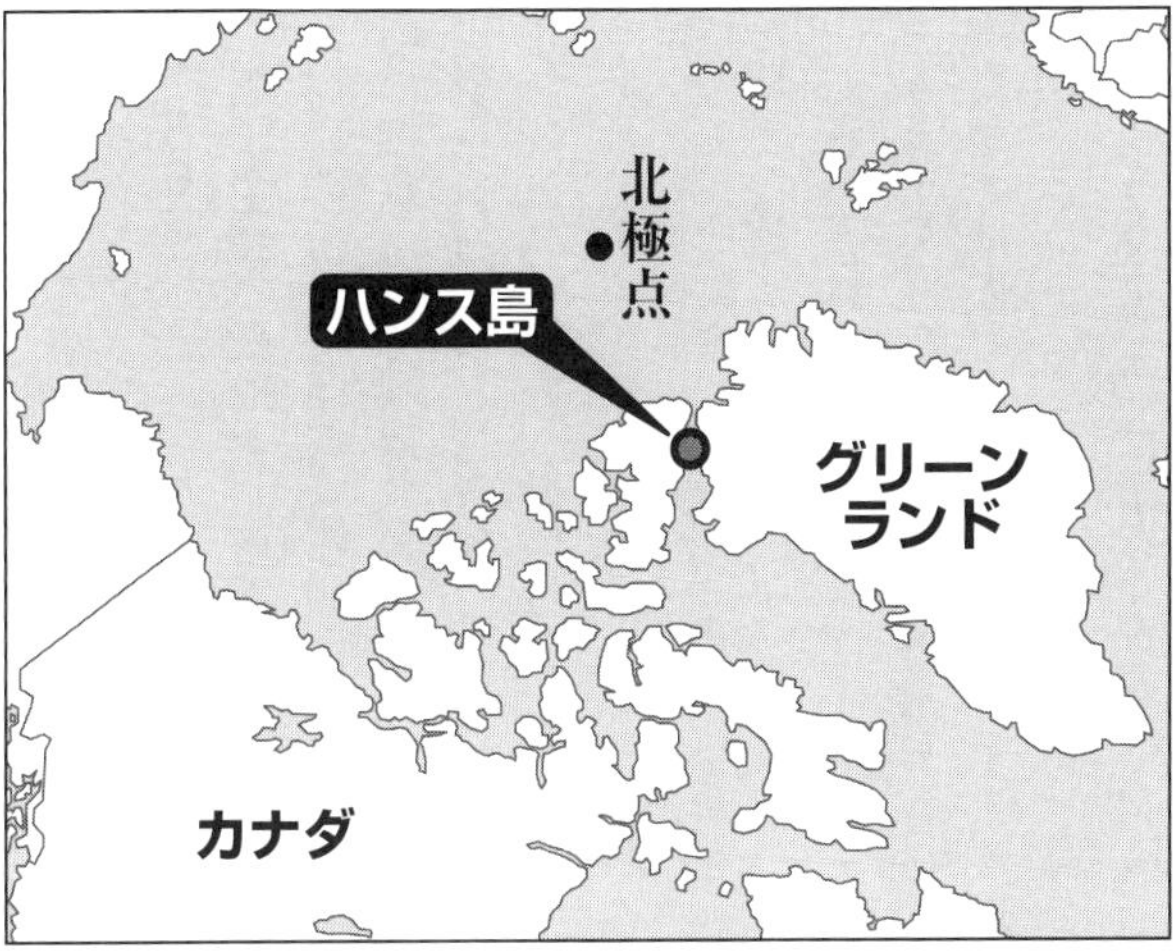

図16：ハンス島
出所：『読売新聞』2022年6月16日

ス島付近を調査し、それが報道されます。それをきっかけにデンマークとカナダ両国の当局者が領土問題を強く意識することとなり、デンマーク外相がヘリコプターで島に向かい島に国旗を立て、デンマークの蒸留酒「シュナップス」のボトルを残して去ります。

この行動がきっかけとなり、その後約20年にわたる紛争となります。紛争とはいっても、ハンス島の岩だらけの海岸で自国の国旗を掲げたり、自国の酒瓶を埋めたり（他国の酒瓶を掘り起こしたり）する、ユーモアあふれる「ウイスキー戦争」でした。

「ロシアは法を守らなければならない」

しかし2005年、北極への意識が高まったカナダから国防大臣が訪問、それに対抗してデンマークが哨戒艦を派遣する等、一時緊張が高まりました（「北極圏の無人島領有権をめぐる『ウイスキー戦争』が終結」『ナショナルジオグラフィック』転載、『日本経済新聞』2022年7月6日）。

気候変動の脅威や北極圏の資源開発の流れ、地域一帯におけるカナダの軍事演習を考えると、この紛争には重大な側面もありました。また、島に有用な鉱物は存在しないものの、掘削の拠点として利用できるうえ、北極圏の氷が融けていることは、この島が今後、戦略的な重要性を増すことを意味しています。そこで両国は2018年、国境問題を解決しようと共同タスクフォースを招集しました。

それでもすぐには解決には至りません。が、ウクライナ戦争開戦から4カ月の2022年6月、ハンス島を分割統治することに合意し、カナダの首都オタワで署名式が行われました。

記者会見は、多分にウクライナ戦争を意識したものとなります。デンマークのイェッペ・コフォズ外相は「人が引いた境界線はそれほど重要ではないのかもしれません」「それより重要なのは人と人の協力関係です」と述べ、「外交と法の支配は実際に機能します。今回の合意をきっかけに、他の人々が同じ道を歩めばよいのですが」。カナダのメラニー・ジョリー外相も「ロシアは法を守らなければならない」と、両者ともに国境問題は平和裏に話し合いで解決できるんだ、ということを強調しました。

その後も、カナダは領域警備能力向上、北極海での作戦能力向上に努めています。カナダ海軍は2022年9月、新型哨戒艦「マックス・バーネイズ」の就役を公表しました。この艦は、北極海域におけるカナダ海軍のプレゼンスと運用能力の強化を目的として建造された、北極海上哨戒艦（AOPS）、ハリー・デヴォルフ級哨戒艦の3番艦として就役したものです。その特徴は、通年にわたって北極海域を航行できるよう、優れた耐氷・砕氷構造を有するもので、太平洋側に初めて配備されることとなります。

日本の海上自衛隊にも「しらせ」という砕氷艦がありますが、これはあくまで南極観測支援用で、武装はしていません。カナダの哨戒艦は25㎜機関砲1門、12・7㎜重機関銃2丁のほか、状況に応じて短距離対空ミサイル発射機1基を搭載することが可能だとされています。カナダ海軍はこの型の砕氷哨戒艦を6隻整備する予定で、北極海での作戦能力向上を目指しています。

ウクライナ戦争による緊張――ノルウェー、スウェーデン、フィンランド

ウクライナ戦争開戦後、スウェーデン、フィンランドのNATO加盟申請が大きなニュースとなりました。スウェーデンは中立を、フィンランドは「フィンランド化」という言葉が

あったように、隣国ソ連、ロシアとの厳しい戦争の歴史から、過度に対立するよりも、あたかも相手の懐《ふところ》に入ったかのような態度で独立を守るという、際どい政策を採用してきました。

一方、ノルウェーは第二次世界大戦においてナチス・ドイツの占領を経験した結果、いち早くNATOに加盟します。

ノルウェーはNATOの一員ではあるものの、ロシアの隣国（スカンジナビア半島の先っちょ部分、スウェーデンの北側でロシアと接しています）として、間に緩衝地帯のある西欧諸国とは異なった、微妙な対応をします。同盟を通じ脅威に対抗するものの、国土の北の方には米軍基地を置かないとか、ソ連を刺激しすぎない、特別な配慮を見せる政策です。

冷戦後も、これら3カ国はそれぞれ違った対ロシア政策路線を長年、維持してきました。いずれもが過去の経緯や経験に学び、難しい隣国との共存の知恵だったのでしょう。いまやそれが、ウクライナ戦争に見られるむき出しの野蛮な軍事力の行使・侵略に対抗するには明白な力による抑止、NATO加盟という同盟政策に頼るのがベスト、となったのでしょう。加盟の実現まではもう少し時間がかかるかもしれませんが、共同訓練や様々な交流の機会を通じ、連携の深化はどんどん進みつつあると言えるでしょう。

光ケーブル切断事件

「暗転する北極圏 軍事的優位に立つロシア、追うＮＡＴＯ」という特集記事がロイター社から２０２２年11月に報道されました。タイトルのとおり、ロシアの北極における軍事力強化や演習、基地再開発の状況を分析し、欧米が後れをとっているという解説記事です。この記事はスバールバル諸島とノルウェー本土を結ぶ北極海海底の光ケーブル切断事件から始まります。

「人工衛星と交信する地上局のうち、世界最大のものはノルウェーのスバールバル諸島に置かれている。利用しているのは西側諸国の宇宙機関で、極軌道を周回する衛星から重要な信号を受信している。そのスバールバルで今年1月、ノルウェー本土との間を結ぶ北極海海底の2本の光ファイバーのうち1本が切断された」という話です。

海底に敷設された光ファイバーケーブルのネットワークはデジタル時代の中核となるインフラであり、世界のデジタル通信の99％がこのケーブルネットワークに依存しています。これは世界経済のバックボーンであり、ケーブルを介して毎日約10兆米ドルの金融取引が行われているそうです。世界中で４００系統以上のケーブルが使用され、全長は少なくとも１３０万㎞に及びます。世界を繋ぐデータ通信のほとんどが海底ケーブルに依存しており、それがリアルな脅威にさらされている、という現実です（"Security threats to undersea communications cables and infrastructure-consequences for the EU," European Parliament,2022."）。

２０２１年の別件のケーブル切断事案もありました。ノルウェー軍のエイリーク・クリストファーセン司令官はロイターの取材に「偶然の事故という可能性もある。だが、ロシアにはケーブルを切断する能力がある」と答えたそうです。

世界中で発生する海底での破壊工作

海底ということで、皆様の記憶にあるところでは、バルト海にある、ロシアとドイツを結ぶ天然ガスの海底パイプライン「ノルド・ストリーム」の破壊事件。これは人為的な破壊工作といわれていますが、犯人は不明です。２０２３年3月、米『ニューヨーク・タイムズ』は親ウクライナの勢力が実行した可能性があるとする米情報当局者の見方を報じましたが、誰が指示したかなどの詳しい背景は不明とされています。

また、ウクライナはロシア産ガスを欧州に運ぶパイプライン計画に反対してきた経緯もあるのですが、報道を受けウクライナのポドリャク大統領府長官顧問はロイター通信の取材に対し、「ウクライナは絶対に関与していない」と否定したそうです。

海底での破壊工作、実は世界中で発生しています。台湾で、２０２３年2月に台湾本島と馬祖《ばそ》列島を繋ぐ海底ケーブルが複数回切断され、離島などでインターネットの使用がかなり制限されることになった、というものです（エリザベス・ブラウ「不自然に多い、中国漁船の『うっかりケーブル切断』事故の謎」『ニューズウィーク日本版』２０２３年2月28日）。

サイバー攻撃と言えば、コンピューターの回線の中での電子信号的な攻撃、と思う方も多いでしょうが、こういった粗暴な海底ケーブル切断、なんていう物理的攻撃もアリです。現在、北極海経由の海底ケーブル構想もあります。今後ますます、安全性や警戒監視が問題となりそうです。

かつて、マハン先生がシーパワーを議論した頃は、海の資源といえば、ほとんどが水産資源、それこそ捕鯨船の世界（ペリーが浦賀に来たのも、アメリカの捕鯨船のための補給や避難の港確保が大きな目的）でした。

しかし20世紀になり、海底油田や天然ガス等の海底資源が注目され、大陸棚の帰属が問題になりました。21世紀には、海底ケーブルやパイプラインが重要インフラとなって脅威および防護の対象となり、海中の安全確保が議論される時代になっているのです。

ちょっとケーブルに脱線してしまいましたので、元の議論に戻します。

なお、ロシアの基地再開発や部隊編成の詳しい話は、第３章で説明します。

図17：ノルウェー北部オラフスバン基地内にある艦船ドック
出所：『読売新聞』2023年2月26日付、酒井圭吾撮影

ノルウェーの対ロシア政策

日本の新聞でも、ロシア隣国の対ロシア対抗策が報道されていました。『読売新聞』のウクライナ戦争開戦1年特集記事（2023年2月26日）では、現地まで取材に行ったのでしょう、記者撮影の写真が掲載されていました（図17）。ノルウェー北部トロムソまで行っての取材記事です。

「海に面した高さ270メートルの岸壁に掘られた洞窟で、訓練中のオランダ軍輸送艦が出入りを繰り返していた。洞窟内に全長340メートルの艦船ドックがあり、アリの巣のように張り巡らされたトンネルに弾薬庫や司令室が並ぶ。1950年から本格的な建設が始まった洞窟の名称はオラフスバン基地。北大西洋条約機構（ＮＡＴＯ）がソ連海軍の監視に使い、かつては存在自体が秘密だった。冷戦終結20年後の２００９年にノルウェー政府は基地閉鎖を決め、民間に売却した。『ロシアの脅威は低減した』として売却を決断したのは当時のノルウェー首相で、現在はＮＡＴＯ事務総長のイェンス・ストルテンベルグ氏だった」

この短い説明に、多くの重要事項が含まれています。「存在自体が秘密」、わが国では戦後、情報公開が進み、軍事機密等の制約がなく（逆にスパイ天国と揶揄《やゆ》される状況）、こういった感覚は縁遠いものですが、冷戦時代には敵味方ともに、こういう存在がありました。それが冷戦後の平和の配当、ロシアとの協調時代が続き、長年ロシアの脅威を直接感じていたノルウェーでさえ、基地を閉鎖し、売却するところまでいきました。そしていま、それを後悔しているというのです。その中心人物が元首相で、現在ＮＡＴＯの取りまとめ役として対ロシアのＮＡＴＯを率いる中心にいます。

「あくまでキャンプです」

ノルウェー国会ではロシアによるウクライナ侵略が始まって以降、「脅威を読み間違えた」と政府に基地の買い戻しを求める声が噴出しているそうです。

2023年3月、ノルウェー北部に英国が“Camp Viking”（バイキング駐屯地）を展開、これからの10年は英国海兵隊が極北でのプレゼンスを増大させる、というプレスリリースが英国海軍のホームページに掲載されました。このキャンプという名称が絶妙なんです。場所はノルウェー北部、トロムソ近傍の村です。英海兵隊の約1000人のコマンド部隊がキャンプバイキングに配備され、厳寒の環境においてNATO同盟国と共に演習を実施、抑止力を高める、今後も毎年冬季訓練のため、当地に展開する、という発表です。

この発表に関する問い合わせに、ノルウェー国防相は「あくまでキャンプです」と説明したそうです。そこには1949年のノルウェーのNATO加盟以来、ソ連（現ロシア）に対する安全保障政策と自主的な抑制とのバランスという配慮がある、と説明されています。あくまでキャンプであり、基地（Base）ではない。恒久的な基地を設置するというのは隣国を刺激しすぎるので、一時的な滞在施設、あくまで外国軍隊の基地は設置しない、という絶妙な表現といえるでしょう（Royal Navy, “New Arctic operations base for UK commandos.”）。

スウェーデンの中立政策とフィンランドの慎重姿勢

NATOは2022年6月、スペインで開かれた加盟国首脳会議で合意した文書「マドリード首脳会議宣言」を発表し、フィンランドとスウェーデンの加盟に向けた手続きを正式に始めることを明らかにしました。トルコの反対もあり、手続きが完了する時期は未定ですが。

プーチン大統領は「スウェーデンとフィンランドがＮＡＴＯに加盟しても、私たちを悩ませるようなことは何もない。参加したいのであればそうするといい。ただ、明確かつ正確に理解しなければならない。以前は脅威がなかったが、軍事部隊や軍事インフラがそれらの国に配備された場合、我々は相応に対応し、我々にとって脅威が生じたところで同じ脅威を与えなければならない」と語ったとされます。まるで恫喝《どうかつ》のような。

スカンジナビア半島の中央に位置するスウェーデンは、19世紀のナポレオン戦争終結後、中立政策を採用します。二度の世界大戦にも加わることなく、中立を貫きました。その基本は重武装中立であり、独自の兵器開発を含め、国民皆兵制や民間防衛といった政策で中立を担保してきました。冷戦終結後はＮＡＴＯに接近、１９９４年にＮＡＴＯの「平和のためのパートナーシップ（Partnership for Peace：ＰｆＰ）」に参加、１９９５年にはＥＵへの加盟も果たします。

フィンランドも同様にソ連崩壊後ＮＡＴＯへの接近を図り、１９９４年にはＰｆＰに加わり共同訓練に参加、さらにコソボ、ボスニア、アフガニスタン、イラク等でＮＡＴＯが進める国際的な危機管理活動にも積極的に参画するなど、NATOとの協力を深化させます。しかしながらロシアを過度に刺激することを避け、ロシアとの間で経済、人的交流の面を含む安定的な関係を維持することを重視して、NATO加盟には慎重な姿勢をとり続けてきました（篠田研次「ロシアによるウクライナ侵略とフィンランド」）。

NATOの壁が半島で完成した

こういったノルウェーやフィンランドの気配りからも理解できるように、気難しいロシアを激怒させないで、かつ侵略の誘因にならないように強さを見せて抑止する、絶妙なバランス感覚でやってきたスカンジナビア3国、この構図がいま、ガラッと変わろうとしています。

この本を書いている（2023年3月31日）時点で、「トルコ議会がフィンランド加盟承認」というニュースが入ってきました。皆様がこの本を読んでいる時点では、フィンランドはNATO加盟国になっています。これで、スカンジナビア半島では北端でノルウェー、その南側はバルト海までフィンランド、そしてバルト3国へと続くNATO諸国とロシアの国境線という構図に変化しているはずです。ロシアがワープしてスウェーデンに侵攻することはできませんから、NATOの壁は半島では完成した、ということでしょうか。

フィンランドのＮＡＴＯ加盟、スウェーデンの加盟申請が北極地域における安全保障の枠組み、メカニズムに影響を与えることは確実でしょう。「ＮＡＴＯによる集団防衛」の直接的な抑止効果に重心を移したことは間違いありません。

誰が鬼になるかはわからない

ここでまた、脱線です。「集団防衛」って何？　国連の「集団安全保障」とは違うの？と興味を持った方はいますかねえ……。「いや、そんな言葉の違い、気にしない」という方が多いかもしれませんが、これは安全保障を議論するうえで大事な概念ですので、説明させていただきます。

集団防衛は、敵は外にいる枠組みです。味方の誰かが外部の敵から攻撃されたら、皆で助け合って撃退するというもの、「鬼は外！」です。これに対し、国連の集団安全保障は「(内にいる)誰が鬼になるかはわからない」です。ただし、誰かが悪いことをやった場合（ウクライナ侵略のような)、皆で協力して、その悪い奴を懲らしめよう、という枠組みです。本来の国連ではその懲らしめ役の中心が、恒久的に安全保障理事会の理事を務める、常任理事国(Permanent members）です。今回は常任理事国５カ国の一つ、ロシアが侵略をしてしまったから、話が難しいのです。

ウクライナはＮＡＴＯに加盟していなかった、孤立していて、抵抗も弱いとロシアに思われて、侵略を受けた。だったらいまのうちにＮＡＴＯに加盟して、フィンランド単独（あるいはスウェーデン）での戦争では済まないぞ、と思わせることで抑止力を高めよう、ということです。

第3章

ロシアと北極、プーチン大統領

この章では、ロシアの北極における資源・航路開発、それに伴う軍事力増強、近代化について見ていきたいと思います。

最初に皆さんに理解していただきたいのは、ウクライナ戦争で改めて認識させられた、ロシアにおける軍事力の意味するところ、役割、われわれとの認識の違いです。

「力の信奉者ロシア」。この言葉はロシアを研究する者にはよく知られています。私の大学院時代の恩師、袴田茂樹（青山学院大学名誉教授、新潟県立大学名誉教授）氏の最近の記事から引用させていただきます。

「プーチンは、このクリミアの地に、最も反動的皇帝といわれた19世紀末のアレクサンドル3世の銅像を建立し、その除幕式で彼を讃えたが、以下は同皇帝の言葉である。『われわれは敵国や我々を憎んでいる国に包囲されている。我々ロシア人には友人はいないし、友人も同盟国も必要ない。最良の同盟国でも裏切るからだ。ロシアが信頼できる同盟者はロシアの陸軍と海軍のみである』」（『独立新聞』2015年12月18日）

「戦争を始めたプーチンの考えは突然異変ではなく、過去20年の思考推移の自然な帰結ということが分かるだろう」（『日刊ゲンダイデジタル』2022年3月17日）

ロシアにとって「力」、特に「軍事力」は最も信頼すべきものという感覚、ロシアを見るときの注意事項だと思います。

ロシアの北極点海底下国旗設置とノルウェーの「白雪姫」プロジェクト

２０００年代の気候変動、北極開発ブームが起こるなか、先頭を走ったのがロシアであり、世界に印象づけたのが２００７年の北極点海底下国旗設置でした。そしてその時期、資源開発で注目されたのがシュトックマン・ガス田でした。

１９７９年に発見されたものの、技術的な問題のため開発に至らず塩漬けとなっていたのですが、２００７年、ガスプロム社が本格的に開発に乗り出しました。その背景には、ノルウェーの StatoilHydro 社によるスノーヴィット（ノルウェー語で「白雪姫」）・プロジェクトにおける技術進歩と成功があるといわれています。氷の海での活動には、氷海特有の問題や技術が必要なのでしょう。

再び寄り道です。北海道のオホーツク海沿岸、紋別《もんべつ》市に流氷の海を一望できる、１９９６年オープンの「氷海展望塔・オホーツクタワー」があります。海岸から約１㎞沖、防波堤の先端にそびえる世界初の氷海海中展望塔です。高さは海上38・５ｍ、海底７・５ｍ、海底階には大小11個の海中窓があるタワーですが、実は最初から観光用として建設されたものではありません。

当時開発中だったサハリン油田の掘削プロジェクトに参画しようとした大手企業により、様々な海氷研究が行われていました。その一つの研究項目として、海上油田プラットフォームにかかる海氷の力を測定する、というのがありました。そのため、流氷が名物の紋別海岸沖に流氷観測タワーを建て、タワーにかかる圧力を計測したのです。で、研究終了後不要となった流氷観測タワーはオホーツクタワーとして海中展望ができる観光・研究施設となったのでした。

資源の有効活用ですが、氷のある海に構築物をつくるということはそれまでに経験のない、未知の話であり、難易度の高い技術が要求される、と理解できる証拠だと思います。

妥協の領土交渉

２００９年にノルウェーで北極海石油開発に関する会議が開催され、シュトックマンはこれまでにない規模のプロジェクトであり、技術的には克服すべき課題はあるもののスノーヴィットでの知見と開発技術、その応用によって対応できると判断されます。これはロシアにはない技術、知見です。資源が欲しいロシア、開発のノウハウを持つノルウェー、この2カ国は長年にわたり大陸棚の境界、海域確定問題で紛争を続けていましたが、２０１０年に境

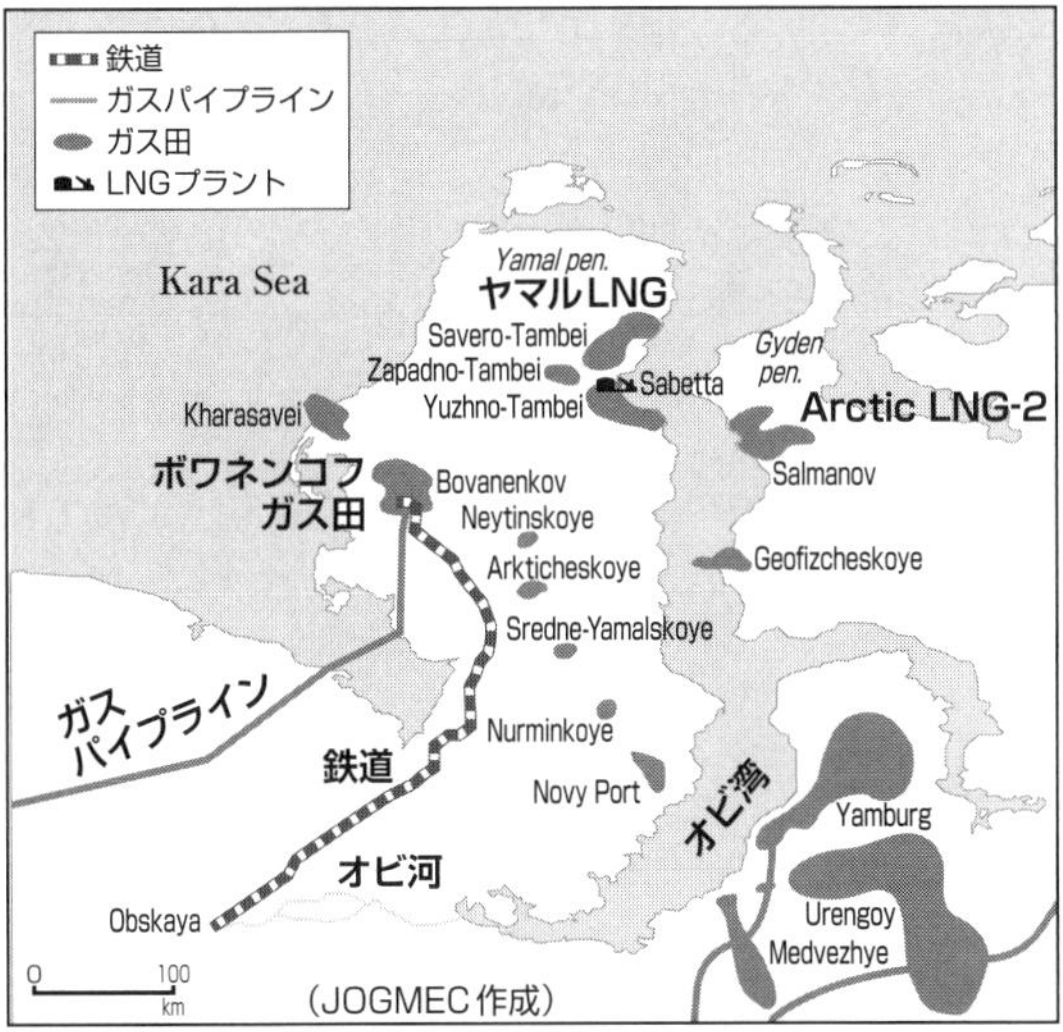

図18：ヤマル半島の石油・ガス田開発
出所：本村眞澄「ヤマルＬＮＧの始動とロシア北極圏の石油・ガス開発」独立行政法人石油天然ガス・金属鉱物資源機構

界画定、資源開発協力合意へと、関係を改善します。

ウクライナ戦争、あるいは北方領土交渉で見せるような、領土問題では絶対に譲らないという強硬姿勢は見えません。妥協の産物、交渉の結果でしょう、大人の駆け引きですね。ただし、このシュトックマン・ガス田開発はその後、技術的な問題から棚上げになっています。

カラ海に面したヤマル半島では、１９７０年代から巨大ガス田群が発見されていました（図18）。２０１２年にボワネンコフ（Bovanenkov）ガス田が、２０１４年にノヴイポルト（NoviPort）油田が、そして２０１７年にはヤマルガス田がＬＮＧの生産を開始するなど、２０１０年代に入って活動が活発になってきます。

日本に届けられていた北極海航路の成果

２０２０年7月には、日本の会社、商船三井と中国遠洋海運集団有限公司（China COSCO Shipping）の合弁会社が保有し、商船三井が船舶管理・運航するロシア・ヤマルＬＮＧプロジェクト向け砕氷ＬＮＧ船「ウラジミール・ルサノフ」が東京湾・扇島のＬＮＧターミナルに初入港しました。砕氷ＬＮＧ船が日本に入港するのは史上初めてのことでした。サベッタ港のヤマルＬＮＧ基地を6月29日に出港、北極海航路を東に向けて航行、ベーリング海峡を経由して日本までＬＮＧを輸送しました。北極海では海氷を避航もしくは砕氷しながら航海を行い、約7日間（平均15ノット）でサベッタ港からベーリング海峡までの北極海航路区間を航行したということです（商船三井プレスリリース、２０２０年7月27日）。

コロナの流行、東京オリンピックの延期等でほとんどニュースにはなりませんでしたが、北極海航路経由の成果物はすでに日本に届けられていたのでした。

ロシアの天然ガス輸出戦略の中心は、パイプライン経由での欧州への供給でした。冷戦時代から続くウクライナ経由ルートでのパイプラインは冷戦後、ガス抜き取り疑惑や価格問題でロシア、ウクライナの対立の原因ともなりました。

あるいは2022年、何者かにより破壊され、俄然《がぜん》、世界の注目を浴びることとなったバルト海経由の海底パイプライン、ノルド・ストリームが有名です。

しかしながら、ここ10年くらい経済成長を続け、エネルギー資源確保に邁進《まいしん》する中国や日本、韓国といったアジアの国々に向けてロシアのガス輸出はシフトしつつあり、北極圏と極東の2つの大型LNGプロジェクトがこれを象徴する動きを示しています。

北極圏にあるヤマルLNGプロジェクトは、ロシア第2位のガス会社PAOノバテクが過半数の株式を握っているのですが、中国のシルクロード・ファンドと中国石油天然ガス集団（CNPC）も権益を保有しています。2014年のクリミア半島併合を受けて、ノバテクがドル資金の調達を禁じられると、ロシアは中国の銀行から120億ドル（約1兆6200億円）相当の融資を取り付け、開発を継続しました。

同じくロシアの北極におけるガス田の開発では、アークティク・LNG2もあります。アークク2はロシアガス大手ノバテクを中心とする共同企業体がギダン半島に採掘施設を建設中の事業です。日本も早くから関与し、三井物産と独立行政法人「エネルギー・金属鉱物資源機構（JOGMEC）」が出資して権益の1割を確保し、開発に参画してきました。

2022年2月のロシアによるウクライナ侵攻を受け、プロジェクトに参画していた欧米企業が相次ぎ撤退を表明するなか、サハリン2やアークク2への関与、エネルギー安全保障問題も絡んで、難しい問題となっています。

ロシアの国益の重心が北上している

ロシアは北極海航路沿いに、あるいは北極海沿岸地域に眠る資源開発に多大な資源を投入してきました。ヤマル石油・ガス田のように最近になって輸出が本格化し、ロシアに大きな利益をもたらすものとなりつつあります。極論すれば、温暖化でロシアの国益の重心が北上している、とも言えるのです。

したがって、ロシアはこの地域の軍事力を強化し、重要な利権を確保する必要があります。ロシアはこういった方針を、２０１５年12月に改訂した「ロシア連邦国家安全保障戦略」や２０２０年10月に改訂した「２０３５年までの間のロシア連邦北極圏の発展及び国家安全保障戦略」といった戦略文書においても、資源開発や航路利用の権益を確保していく、と明記しています。

では実際にどんな行動をとっているのか、現実の基地整備や演習といった活動を通じて見ていきたいと思います。

北極軍事基地の再開発と部隊強化

ロシアは北極を戦略的に重要な地域と位置づけ、冷戦後に放置されてきた基地・飛行場を整備し、新鋭戦闘機を配備するなどの軍事強化を図っています。

こういったロシア軍の活動をまとめた最もコンパクトな資料は、『防衛白書』です。日本におけるその道の専門家、制服自衛官だけでなく、専門的な知識を持った人々が寄ってたかって書いたものです。ぜひ、皆様も活用してください。出版物として売ってもいますが、インターネットでも閲覧、ダウンロードできます。

ということで、２０２２年版『防衛白書』の「北極海をめぐる動向」からロシア軍の活動部分を抜粋します。

「ロシアは、２０１５年12月に改訂した『ロシア連邦国家安全保障戦略』や２０２０年10月に改訂した『２０３５年までの間のロシア連邦北極圏の発展及び国家安全保障戦略』において、資源開発や航路利用の権益を確保していく方針を引き続き明記している。……軍事面では、２０２１年１月、北極圏における協同作戦の充実が可能となるなどとして、北洋艦隊を軍管区級に格上げした。また、北極圏では13か所の飛行場建設計画が進められているほか、レーダー網や対空・対艦ミサイルの配備が進められている。活動面では、北洋艦隊が２０１２年以降毎年、ノヴォシビルスク諸島までの遠距離航海を実施しているほか、SSBNによる戦略核抑止パトロールや長距離爆撃機による哨戒飛行を実施するなど、活動を活発化させている。2021年3月には、北極遠征『ウムカ2021』において、初となる原子力潜水艦3隻の氷下からの同時浮上などを実施したことを、海軍総司令官がプーチン大統領に報告している」

やはり『白書』、硬い表現となります。ということでもう少し、一般のニュース報道やシンクタンクの報告書などの説明からお話を進めます。なお、『防衛白書』では「北洋艦隊」となっていますが、一般報道では「北方艦隊」と訳しているものが多いので、本書ではそちらを使用することにします。

軍事基地、飛行場等の整備

まずは、ノルウェーの北極関連ニュースサイト"High North News"から。

2022年9月に"From Ukraine to the Arctic: Russia's Capabilities in the Region and the War's Impact on the North."という記事が掲載されました（図19）。北極圏でのロシア軍の活動強化を地図や写真入りで説明してくれる、コンパクトな説明です。英語ができなくても理解しやすいと思います。その記事を下敷きに、最近の北極圏におけるロシア軍の強化を

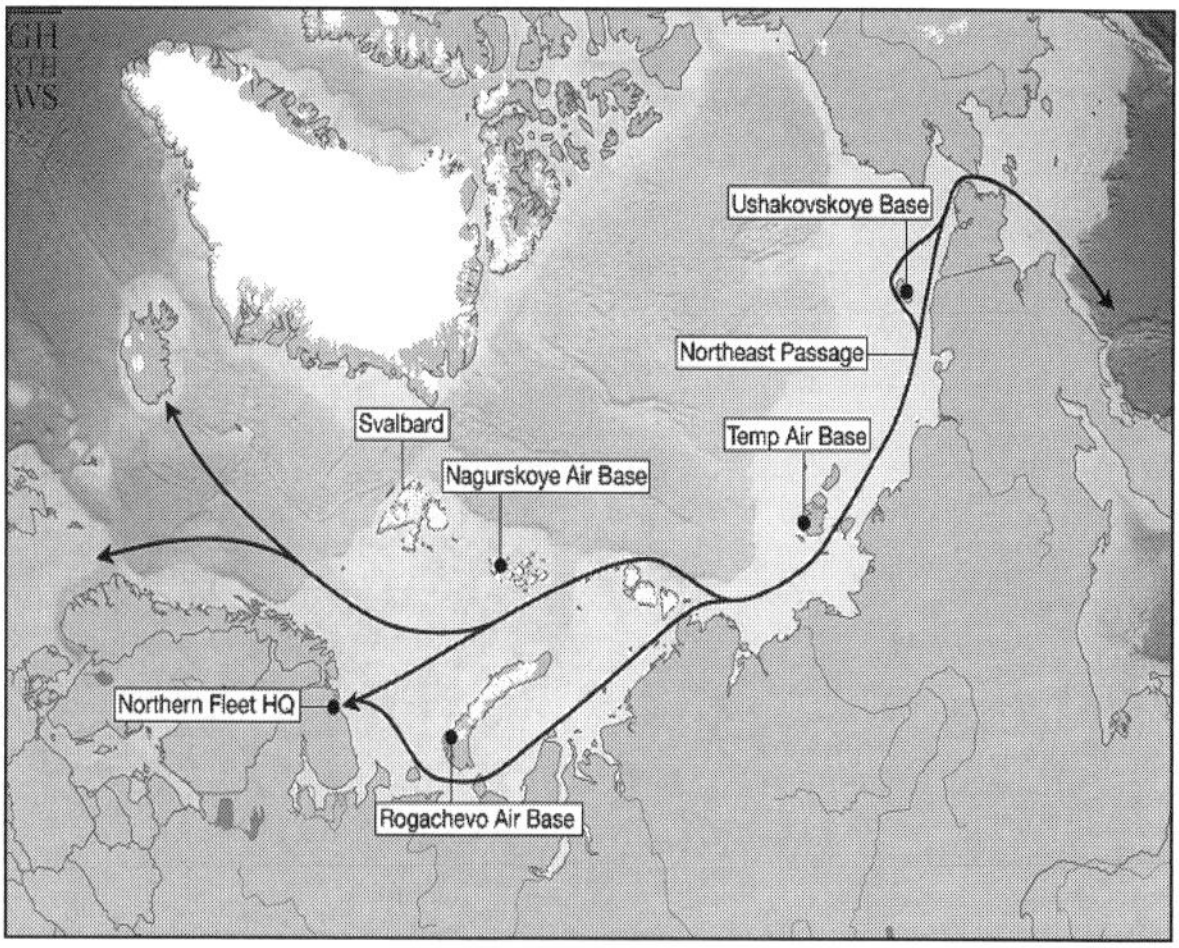

図19：北極海航路とロシア軍基地、飛行場の整備状況
出所：High North News, Sep 22 2022.

まとめます。

　まずは、基地です。この10年間で、ロシアは、フランツ・ヨーゼフ（Franz Josef）島、ノヴァヤゼムリャ（Novaya Zemlya）島等の既存の軍事基地と飛行場の拡大および近代化を行ってきました。さらに、新しい場所または老朽化した冷戦期の施設に隣接した、少なくとも３つの基地をゼロから建設しました。３つの基地はすべて、三角形の中央の生活および管理棟で構成される一般に「北極トレフォイル」と呼ばれる仕様に従って建設されました。これらの基地はロシア北極圏の西部、中央部、東部にあり、２０１５年から２０１７年の間にオープンしました。

　ナグルスコエ空軍基地は、スバールバル諸島の東約３５０kmにあるフランツ・ヨーゼフ

図20：ロシア軍基地「北極トレフォイル」
出所：BBC ニュース“Inside Russia's Arctic military base”

諸島にあります。テンプ空軍基地は、新シベリア諸島の一部であるコテリヌイ島、ロシア北極海航路の中央部に位置しています。極東では、少し小さいウシャコフスコエ基地がランゲル島にあります。ロシアは、多くの基地にＳ－３００およびＳ－４００地対空ミサイル（ウクライナ戦争ではこれらを対地攻撃にも使用している模様です）を装備しています。

この北極トレフォイルという建築は、ＢＢＣの動画サイトでよくわかります（図20）。カラフルな建物で、永久凍土の上に立つ建築物として、地表に熱を伝えにくい構造が見て取れます。ついでに紹介しておきますと、このニュース動画、ウクライナ戦争が始まる前の２０２１年５月に公表されたもの。のちほどお話しする、潜水艦３隻浮上の訓練動画も入っています。ロシア軍の北極圏活動強化が３分ほどでまとまっている、わかりやすい動画です。

新型長距離レーダー網

レーダーは第二次世界大戦時に開発、実用化された電波探知機です。大きな板のようなものや、くるくると回る鉄の網みたいなアンテナがよく映画では出てきますが、最近ではイージス艦のＳＰＹレーダーのようなフェーズド・アレイのタイプもあったりします。一般的には短い波長の電波（マイクロ波）を使って、飛行機やミサイルを探し出します。

現在、ロシア軍が北極で整備中なのがレゾナンス－Ｎ（Rezonance-N）レーダー複合施設と呼ばれる、超長距離まで見通せるレーダー網です（図21）。地球は丸いので、電波も基本的に水平線の向こう（over-the-horizon：ＯＴＨ）は見えません。しかしこのレゾナンス－Ｎレーダーは、波長の長い電波を使用したり、空間での反射特性を利用して、水平線の向こう側の数百～数千kmの遠距離での捜索を行っています。

ここでややこしいのが短波（High Frequency：ＨＦ）という名前なのに、波長が長いと表現される違和感です。ＨＦは、長波（Low Frequency：ＬＦ）とか中波（Medium Frequency：ＭＦ）に比べると波長は短いのですが、その先ドンドンと波長が短くなるとＨ

図21：ロシア軍のオーバー・ザ・ホライズン（OTH）レーダー「Resonance-N」
出所：High North News

Fに、Ｖ（Very）とかＵ（Ultra）とかが付くようになり、ＶＨＦ、ＵＨＦという昭和のテレビの話になります。レーダーはマイクロ波（Super High Frequency：ＳＨＦ、波長は１～10㎝）、さらに波長が短くなるというお話です。興味のない人は忘れてください。興味のある人には、総務省のホームページに解説があります（総務省ホームページ「周波数帯ごとの主な用途と電波の特徴」）。

このアンテナは回転する従来のレーダーとは異なり、全周を監視するために正方形状に４つの大きなアンテナを配置するようになっており、北極の過酷な気象条件には特に適しているといわれています。

アメリカのシンクタンクの分析によれば、このシステムはＡＩ技術を取り込み、新型の飛行物体、たとえばステルス航空機や小型UAV（ドローン）、極超音速飛行物体を探知することが可能とされています。

ウクライナ戦争にもかかわらず改善

このレーダー網、2018年から配備が始まり、北方艦隊管轄エリアの数カ所に展開中とされています。2020年にはロシア北西部、ノルウェーとの国境付近のコラ半島にNATOのF－35ステルス戦闘機やスウェーデン、フィンランドのステルス技術を使用した航空機の早期発見と追跡を目的に、新たなレーダー基地建設が報道されています（Atle Staalesen, "New radars to protect Northern Fleet against supersonic attack,"）。

CNNは米民間宇宙企業マクサー・テクノロジーズの一連の衛星画像の分析を中心に、北極圏地域にあるロシア軍の一連のレーダー基地や滑走路が2022年の1年の間、ウクライナ戦争にもかかわらず改善されたと分析しました（CNN.co.jp, 2022.12.29）。

これはウクライナ戦争などを受け、振り向けられる軍事的な資源が目減りするなかで、ロシアの防衛戦略にとっては大きな重要性がある措置だとされています。画像分析によると、ロシア北西部コラ半島オレネゴルスク地区や北極圏北部ボルクータにあるレーダー基地では工事が継続中で、バレンツ海近くにあるオストロビノイではレーダー5基のうちの1基を完成させる作業が進んでいるそうです。ロシア側は、このレーダーによりステルス機能を持つ航空機や飛行物体の探知が可能と主張している模様です。

ハイブリッドな脅威

「ロシア、北極圏で軍備増強継続＝北方艦隊や権益死守―多国間協力は「凍結」・ウクライナ侵攻1年」（時事通信、２０２３年２月26日）という報道がありました。時事通信がまとめた戦争1年の特集記事、濃い内容です。

「ウクライナ侵攻の長期化で損失が膨らむ中でも、ロシアは北極圏で軍備増強を続けている。衛星画像では昨年以降、軍事施設が新たに建設・刷新される様子が確認された。スウェーデンとフィンランドの北大西洋条約機構（ＮＡＴＯ）加盟申請で、北極圏はロシアとＮＡＴＯで二分。侵攻を受けて中止されたロシアとの科学研究協力も、再開の見通しが立たないままだ」

コラ半島における衛星画像分析を行い、２０２２年6月以降も複数のレーダー基地で新たな施設建設を確認し、他の空軍基地などでも滑走路や格納庫の改築が進んでいることが確認された、としています。

ノルウェー国防大学のヴェッゲ教授の発言を引用し、「北極圏はロシアにとって、戦略・経済両面で死活的に重要だ」と指摘。約15年前から続く軍備増強はウクライナ侵攻でも途切れておらず、主に北方艦隊と北極圏権益を守る「防衛目的」と見る、と分析しています。

北極圏に配備されたロシア空軍や北方艦隊の戦力は、ウクライナ侵攻開始後もほぼ無傷とされる一方、地上部隊の約75％はウクライナに派遣され、大半が壊滅的打撃を受けた、とまとめていました。

戦略国際問題研究所（Center for Strategic and International Studies：CSIS）は2023年1月に「北極におけるロシアの脅威、ウクライナ戦争の結果」"The Russian Arctic Threat: Consequences of the Ukraine War"と題する報告書を公表しました。

短期的に地上戦力は消耗し、弱体化したといえるが、海空戦力はあまり影響されていないし、長期的にはロシア軍の能力強化、近代化に備える必要や、ハイブリッド戦への対処が必要、と同様の分析をしています。ウクライナ戦争に伴う対ロシア経済制裁がどの程度効果的か、北極に展開していた部隊のウクライナ派遣の影響、基地近代化等々がまとめられた報告書です。

NATO側の基地を3割上回る

同様にロシアの北極軍事力強化をまとめたロイター通信の記事（「焦点：暗転する北極圏軍事的優位に立つロシア、追うNATO」2022年11月24日）で、CSISのコリン・ウォール研究員は、「現時点では、北極圏での軍事バランスはロシア側に大きく傾いている」と総括しています。国際戦略研究所（The International Institute for Strategic Studies：IISS）とロイターがまとめたデータによれば、北極圏のロシア軍基地は、数の上でNATO側の基地を約3割超、上回っているとしています。

IISSによれば、ロシアは現在、全面核戦争において使用される長距離核兵器を発射可能な戦略潜水艦を11隻保有しているが、そのうち8隻は北極圏に位置するコラ半島を母港としており、その重要性を説きます。

また2022年7月、ロシア海軍は新たな原子力潜水艦ベルゴロドの就役を発表しました。この潜水艦は、長期間、自律航行することにより相手方の沿岸防衛網をかいくぐることができ、原子力核魚雷「ポセイドン」が搭載できるとしています。ロシア国営メディアは「ポセイドン」について、沿岸を「放射能の砂漠」に一変させる巨大な津波を引き起こす能力がある、と伝えています。

記事では、ＮＡＴＯのストルテンベルグ事務総長を取材し、「ＮＡＴＯは現代的な軍事能力の増強によって北極圏でのプレゼンスを高めている。これはもちろん、ロシアがやっていることへの対応だ。ロシアはプレゼンスを相当に高めている。したがって、こちらもプレゼンスを高める必要がある」とのコメントを掲載していました。

ロシア北方艦隊「北方軍管区」への格上げ

ロシアは伝統的に大陸国家であり、陸軍が中心でした。しかしながら、北極は海が中心です。ということで、ロシア軍の中では珍しく、海軍が中心となる統合軍が北極を担任する部隊を編成し、独立した軍管区へと発展してきました。

ロシア軍は、ソ連解体後6個軍管区に分かれていましたが、２０１０年の軍改革で西部、南部、中央、東部の4個軍管区へと整理統合されていきます。それぞれの軍管区の陸海空軍を統一指揮する統合戦略コマンド（ＯＳＫ）が設置されました。さらに、２０１４年には西部ＯＳＫから独立し、西部軍管区所属の地上部隊や航空部隊の一部を指揮下へと編入した、海軍中心の統合コマンドとなりました（小泉悠「急速に北極の防衛強化を進めるロシア」『Wedge Online』２０１４年12月19日）。

プーチン大統領は２０２０年12月、北方艦隊を21年1月1日から軍管区に格上げし、北極圏に面するコミ共和国、アルハンゲリスク州、ムルマンスク州、ネネツ自治管区を、北方艦隊の管区に移管する大統領令に署名します。

ロシアは、バレンツ海を実効支配してきたと考えていた模様ですが、2018年以降のNATO艦艇のバレンツ海や北極海での活動活発化に反発、警戒を強め、北方艦隊は再編成、機能強化へと踏み込み、ロシアにおける5番目の軍管区創設となったものです。

ウィルソンセンターの極地研究所所長、レベッカ・ピンカス氏は「ロシアの戦略核関連の資産の多くは、北極圏、コラ半島に集中している」と説明します。

戦略核部隊、SSBNがこの地域に多数存在すること、そして、コラ半島の各基地からバレンツ海を含む北極圏西部を経由し、大西洋に展開するにはバレンツ海の安全確保が不可欠ということです。

73頁に示した、図12を見ていただくのが一番わかりやすいと思います。NATO側はGIUKギャップでロシア側の潜水艦や水上艦艇を阻止することを考え、ロシア側はベア・ギャップの北側、バレンツ海の内側を聖域化して、戦略潜水艦の安全確保を目指す、ということでしょう。

1万m上空からの落下傘降下演習

図22：ロシア軍空挺部隊降下訓練
出所：High North News, Apr 27 2020.

２０２０年、１万ｍ上空から、特殊な装置を使用した落下傘隊員の降下訓練が初めて実施されました。場所は北極、フランツ・ヨーゼフ諸島。３日にわたる訓練は世界史上初だそうです（図22）。

先行する選抜隊員が、ノーベルパラシュートシステム（novel parachute system）という、酸素供給装置とナビゲーションシステムが一体化された落下傘で、高度１万ｍを飛行する輸送機から降下、部隊の降下エリアを確保、それに続いて主隊が高度２０００ｍから通常の降下を実施したと報道されました。訓練では、海上から展開した他の部隊とも連携し、ドローンを使用しての偵察作戦を実施、３日にわたる演習を遂行したとなっています（Malte Humpert, "Russian Paratroopers

Perform First-Ever High Altitude Jump Over Arctic,”)。

ロシア軍は２０１４年から、こういった北極における空挺《くうてい》部隊の訓練、落下傘降下を実施している模様です。北極点付近、極点から90㎞の地点に降下する、事前にノボシビルスク諸島で予備的な訓練降下を行う等、合計で３００人以上のロシア空挺隊員が北極での降下経験を持ち、北極の極限状態下での作戦遂行能力を有しているとされています。

北極での生活がいかに過酷かは、第６章の植村さんのところで詳しく説明します。北極海は海の上に氷が張っているので、平らな氷原が続くということはないようです。海には潮流があり、流されます。その力は物凄く、分厚い氷もその力で引き裂かれたり、盛り上がったり、デコボコだらけです。犬ぞりでの移動も大変、スノーモービルで一気に移動というのも難しい。陸上部分でも山あり谷ありで当然、雪や氷の世界。空挺部隊の落下傘降下というのが最も機動的な即応兵力とならざるを得ないのでしょう。

しかし、極寒の過酷な世界。いかなるサバイバル技術や装備が必要か、特殊な研究や訓練が不可欠なのは素人でも想像できます。

米軍でも同じように、極地域での軍事訓練に励んでいます。２０１４年から、アラスカの陸軍空挺部隊を中心に訓練や装備開発を毎年行っている模様です。演習名は「スパルタのペガサス」(Spartan Pegasus)。空挺部隊や特殊部隊員はこういった極限状況への対応、過酷な

図23：ロシア海軍潜水艦訓練
出所：NEWS Web, 2021年3月27日

訓練も必要な、厳しい職種です（"Exercise near Deadhorse to test paratroopers' ability to operate in cold," Alaska Public Media , February 21, 2017.）。

潜水艦3隻同時浮上訓練の公表

２０２１年には、ロシアでも潜水艦の訓練映像を公開しました（図23）。こちらは３隻同時に浮上する訓練の映像です。世界中で報道され、日本ではＮＨＫが報じ、英ＢＢＣニュースは動画チャンネルでも閲覧可能です（Inside Russia's Arctic military base-BBC News, 2021/05/23）。

「ロシア軍は、巨大な原子力潜水艦が北極海の厚い氷を割って浮上する特殊な訓練の様子を公開し、アメリカや中国などが北極圏の開発に関心を抱くなか、ロシア軍の存在感を示すねらいがあるとみられます」（NHK「NEWS Web」2021年3月27日）

3隻の原子力潜水艦が厚さ1・5mの氷を割って潜水艦が徐々に浮上する様子が動画で公開され、ロシア海軍のエフメノフ総司令官は海軍の歴史上初めて行われたものだ、と成果を強調していました。その背景を、NHKの報道では以下のとおり解説していました。

「地球温暖化の影響で北極圏の氷が減少したことから、ロシアは地下資源の開発を進めるとともに、北極海航路の利用を拡大しようとする一方、アメリカや中国も開発に関心を抱いています。このためロシアは、北極圏に軍事基地を作るなどこの地域の安全保障に力を入れていて、今回訓練を公開したことも北極圏におけるロシア軍の存在感を示すねらいとみられます」（同）

何度もいいますが、潜水艦の行動は秘密が基本です。その3隻が同時に行動して浮上してくる姿、滅多に見られるものではありません。それなりの覚悟を示す姿として見ておきたいと思います。

ただし、艦内の環境は、それなりに快適な温度、食事、居住空間は確保されているでしょう。空挺隊員を選ぶか、艦船勤務を選ぶか、それぞれ人生の選択ですが……。

プーチン大統領、新海洋戦略に署名

２０２２年7月、海軍記念日記念式典に参加したプーチン大統領は『ロシア連邦海洋ドクトリン』の改訂に署名しました。ロシア海洋ドクトリンは、２００１年に初めて制定されたもので、２０１５年に続いて2度目の改訂となりました。

北極海に関しては全部で55頁あるこのドクトリンの中で、22頁にもわたって言及されており、いかに重視する海域であるか、と分析されています。プーチン大統領は演説の中でＮＡＴＯの脅威を力説し、北極海航路沿いの防御力の強化、北方艦隊の戦闘即応対処能力の強化を訴えました（High North News, Aug 04 2022）。

ドクトリンの中では、改めて北極海航路がロシアの石油・天然ガス資源、利益確保にとってどれほど重要か、その保護、助長のための海軍力増強の意義を説きました。まるでマハン先生の議論ですね。木村君の分析では、「海」の記載順序変更に目を留めています。

あ、失礼しました。「木村君」は海上自衛隊同期の元哨戒機搭乗員、現在は実業之日本フォーラム編集委員をやっている、対潜戦とロシアの専門家です（木村康張「『ロシア連邦海洋ドクトリン』2度目の改訂、海軍活動の世界的拡大を企図」)。

「今回の改訂は『記載順序の変更』も注目される。2015年版ドクトリンでは、国家海洋政策の地域的関心を、大西洋、北極海、太平洋、カスピ海、インド洋、南極海の順で記述していた。これが2022年版では北極海、太平洋、大西洋、カスピ海、インド洋、南極海となり、大西洋が後順位に下がった。記載順が重要度を示しているのかどうか不明だが、わざわざ変更することには何らかの意図があろう。ロシアは、大西洋への関心が薄れたというより、『国益』の観点から北極海と太平洋への地域的関心を高めたものと推定される。……2022年版では、北極諸国との関係は『積極的な協力』から『北極海航路の海域における外国の海軍活動の統制』に変更された。北極海は、協力を進める海域ではなく、ロシアの影響力を高める海域と位置付けたことになる」

だそうです。詳しくは全文、閲覧可能です。

中ロの対立と連携の歴史

ロシアと中国は、数千km以上にわたる国境線を有しています。清朝時代にロシアの東方進出に伴い、ネルチンスク条約や愛琿《アイグン》条約等で国境線が決められてきました。

中国側では、これらの条約は武力で押しつけた不平等条約という不満が蓄積していきます。1969年には中ソ国境のウスリー川（黒竜江の支流）の珍宝島（ダマンスキー島）で両国軍隊が衝突するという大事件、あるいは新疆《しんきょう》ウイグル国境での衝突等、小競り合いもありました。

北極に関しても、ロシアは以前は警戒感を露骨に示していました。

2010年10月、海軍参謀長ヴィソツキー（Vladimir Vysotsky）大将は「中国が『北極のパイ（Arctic pie）』を求め北極圏の権益争いに参入した」「1インチたりとも譲らない」「北洋および太平洋艦隊は新たな艦艇を配備し、北極海におけるプレゼンスを強化している」と露骨に中国を警戒した発言を行います。

2013年夏には、中国軍艦が宗谷海峡を越えてオホーツク海に進出、千島列島から太平洋へ抜け、日本列島を一周し帰国するという航海を行いました。これに対し、ロシア艦艇も同様に宗谷海峡を通過してオホーツク海に急行、プーチン大統領直々の命令によってソ連解体後最大級の演習を実施し、中国艦艇の行動に対する牽制《けんせい》を行ったといわれています。

「氷上シルクロード」構想を表明

こういった緊張関係が転換、中ロの関係が密になる契機となったのが、2014年のロシアによるクリミア半島併合に対する欧米の経済制裁でした。

ヤマル石油・ガス田開発がその典型です。中国はヤマルLNG事業の権益として、中国石油天然気集団（China National Petroleum Corporation：CNPC）が20％、中国の国家ファンド、シルクロード基金（Silk Road Fund：SRF）が9・9％、合計で29・9％を保有しています。これは国別としてはロシアに次ぐ第2位の利権であり、施設建設にも深く関与し、開発推進に大きく寄与します。

習近平主席は2017年7月のロシア訪問時、プーチン大統領と会談し、北極海航路開発における協力推進に合意し、「氷上シルクロード」構想を明らかにしました。これは次章で説明します。

同年11月には、北京を訪問したロシアのメドヴェージェフ（Dmitry Medvedev）首相と習主席が会談、「ロシアと共同で北極海航路の開発・利用協力を推進し、『氷上シルクロード』をつくり上げなければならない」とロシア側も歓迎する意思を表明するのでした。

2018年7月には、ヤマルで産出された天然ガスが初めて中国に到着しました。この時、中国では以下のようにプロジェクトに対する中国の貢献と「一帯一路」の連携が報道されました（「『氷上シルクロード』、ユーラシア協力の新たな近道を開拓」『中国網日本語版』2018年7月28日）。

「ヤマルプロジェクトは、中国の一帯一路構想発表後にロシアで実施された初の超大型エネルギー協力プロジェクトだ。……中国とロシアが共同建設した『氷上シルクロード』により、ヤマル半島の氷に閉じ込められたエネルギーの採掘が可能となり、中国資本企業がこの高難度なプロジェクトの建設と運営を担う重要な力となっている」（同）

ウクライナ戦争と中ロの接近

ウクライナ戦争開戦後も、中国とロシアの緊密な関係は報道されているとおりですが、決して一枚岩ではありません。中国はロシアに武器の供給は行っておらず、軍事面での支援は不明です。国連の場におけるロシア非難決議において、ベラルーシや北朝鮮が反対する一方、中国は棄権しています。

そのような状況下、極東では中ロの軍事的連携も見えました（木村康張「ロシア『ボストーク2022演習』ウクライナ戦争の劣勢を否定も、西側諸国には逆効果」）。

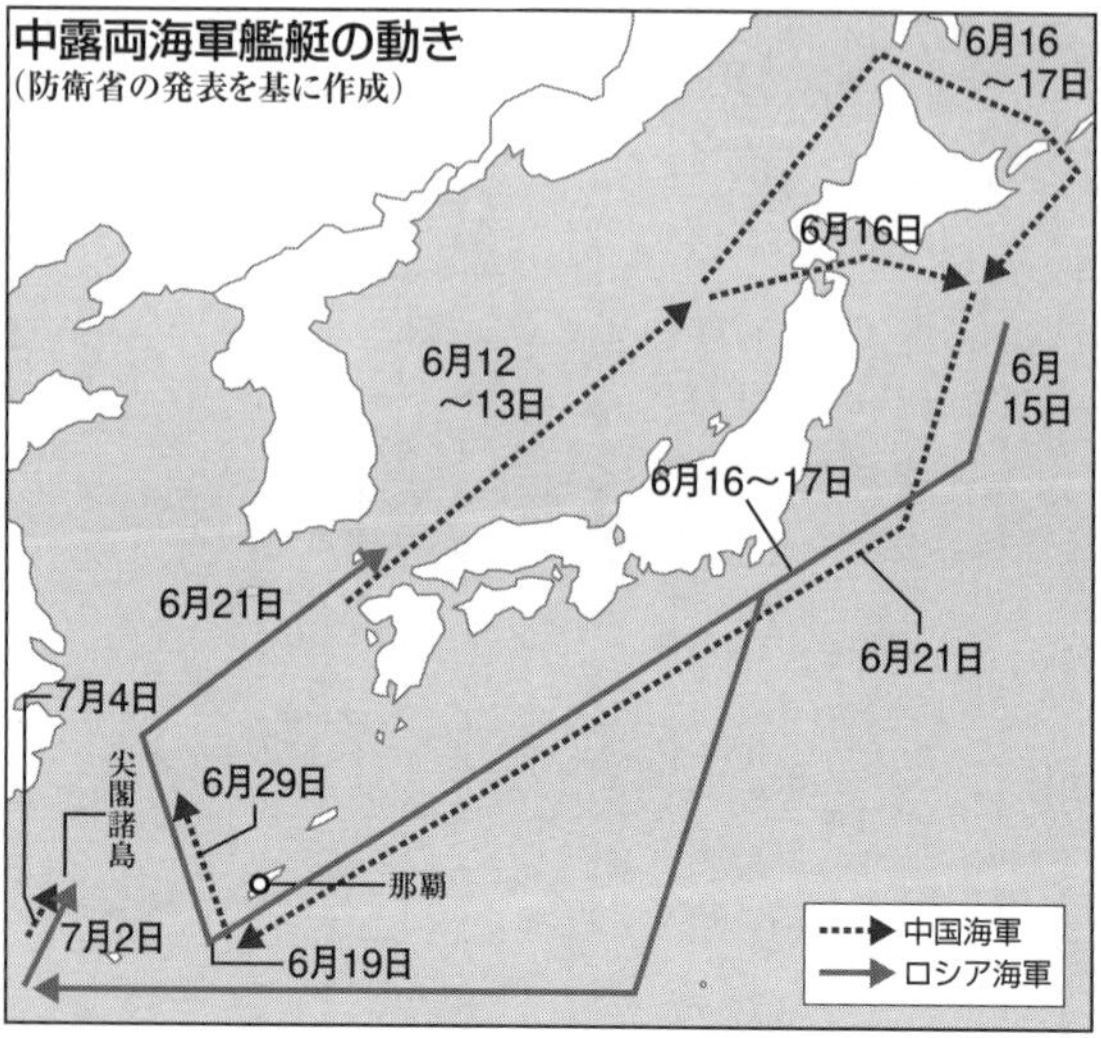

図24：中露海軍艦艇の連携、2022年夏
出所：『読売新聞』2022年7月5日付朝刊

中国とロシアの海軍艦艇が7月4日（関係あるかどうかはわかりませんが、米独立記念日）、沖縄県の尖閣諸島沖の接続水域を相次いで航行したことがニュースになりました。図24はそのときの『読売新聞』のものです。記事では、「ロシアのウクライナ侵略後、日本周辺で中露が連携を強めている実態がある」「中露の動きは、先進7か国（G7）で足並みをそろえ、対露制裁を続ける日本への揺さぶりとの見方もある」と説明されています。

　2022年9月にはロシア主催の大規模演習が実施されました。9月1日から1週間、ロシア軍が極東地域で「ボストーク2022演習」を実施しました。ウクライナの反撃、ロシア軍の消耗が報道されるなか、前回の2

０１８年からは規模を縮小されたものの、ロシア軍の健在を証明するためでしょうか、演習は実施されました。旧ソ連諸国のベラルーシやカザフスタンはじめ13カ国５万人以上という規模で実施され、中国海軍も艦艇を参加させました。

演習に参加した中国艦艇は３隻で、うち1隻は最新の大型駆逐艦「南昌」、もう1隻はフリゲート艦「塩城」、３隻目が補給艦の「東平湖」です。これらの中国艦艇は９月２日、日本海北部においてロシア艦艇と合流しました。ロシア側の艦艇は、フリゲート艦３隻、ミサイル観測支援艦1隻です。

こういったロシア軍の活動の背景には「洋上影響圏」というコンセプトがあると、防衛研究所の兵頭慎治政策研究部長は説明しています。そこにおける中ロの連携が今後どう展開するのか、非常に気になります。

『日本経済新聞』は社説で、

「ウクライナ侵攻のさなかにどこまで緊張をあおるつもりなのか。ロシアは大規模軍事演習『ボストーク（東）２０２２』を実施した。演習地には北方領土が含まれた。到底容認できない。演習は年に1度で、今年はシベリアと極東を含む地域での開催となった。ロシア軍は択捉《えとろふ》島と国後《くなしり》島でも実施したと発表。択捉島では敵の上陸作戦を阻止する装甲車が海岸線を走ったり、砲撃したりする様子を公開した。日本政府は演習地から北方領土を除外するよう事前に求めていたが、無視された。言語道断だ」

と強く非難しています。

なお、ここで「年に1度」なのに、前回が2018年という記載に「？？？」と感じた方は、鋭いです！

実はロシア軍の戦略司令部演習は、軍管区ごとに毎年順番で実施されているのです。東部軍管区は「ボストーク（東）」、西部は「ザーパド（西）」、南部は「ユーグ（南）」、中央は「ツェントル（中央）」という演習の名称となっているので、4年目で再び東部になった次第です（木村康張、同前）。

また『日本経済新聞』の「言語道断」と非難する背景も、この解説記事によれば、

「今回の演習の着目点は2点あります。1点目は、北方領土である国後島と択捉島での演習が実施されたことです。前回は日本の抗議により、この2島の演習は取りやめられた経緯があります。2点目は、今回の演習で中国海軍の艦艇が初めて参加したことです。これまで中国側は陸軍のみが参加していました」

だそうです。ウクライナ戦争下での中ロ連携、この動きが北方領土さらにその先千島列島経由で北太平洋へ続く、となればその先はベーリング海経由北極海です。

第4章

中国「氷上シルクロード」の野望と米国の反発

中国の北極観測の歴史

中国は中華民国時代、1925年にスヴァールバル諸島（ノルウェー領）での経済活動を認める「スピッツベルゲンに関する条約」に加盟したものの、南極、北極といった極地域への本格的な科学調査が始まったのは1984年とされています。当初は南極地域の研究が中心でした。北極に注目が集まったのは、1995年に中国の科学者・ジャーナリスト合同探検隊が北極点に到達してからのことです。

氷のある海域での活動を行うためウクライナから世界最大の通常型砕氷船「雪龍」（Xuelong）を購入したのが1993年のことです。同船は極地研究センター所属となり、南極も含めた極地観測を支援するようになります。

中国の『サイエンス・ポータル・チャイナ』というサイトの「中国の北極観測、これまでの歩みを振り返る」によれば、「1999年7月1日から9月9日にかけて、中国は初の北極科学観測を実施した。科学観測船『雪龍号』が北極に向けて上海から出港したことで、中国の北極における科学観測政府活動が幕開けを迎えた」と記載されています。その後、2003年夏に第2次北極科学観測を実施し、「これにより中国の北極現場観測作業はほぼ海外レベルの先進水準に達した」と誇らしげに述べます。

２００４年にはノルウェー・スヴァールバル諸島に中国初の北極科学観測基地「黄河基地」を建設します。２００８年7月11日から9月24日にかけて、第３次北極科学観測を実施、１３２カ所の海洋学調査、１カ所の長期拠点の海氷ガス総合観測と８カ所の短期拠点の観測を完了したとされています。

２０１０年夏には第４次北極科学観測を実施し、「中国北極科学観測隊は、自力で北極点に到達し科学観測を実施するという希望を初めて実現し、歴史的な進展を成し遂げた」とまとめています。

「氷が融けた北極に備えている」

スウェーデンのＳＩＰＲＩ（ストックホルム国際平和研究所：Stockholm International Peace Research Institute）という世界でも有数のシンクタンクがあります。紛争、軍備、軍備管理、軍縮等について学術研究を行う、独立した国際研究機関で『ＳＩＰＲＩ年鑑』は特に有名です。

そのＳＩＰＲＩから、２０１０年に「中国は氷が融けた北極に備えている」という報告書が出版されます。その報告書では中国のこういった一連の北極への積極的な関与を分析した結果、一部学者からの積極的に参入すべきであるといった意見はあるものの、国家としては、きわめて慎重で沿岸国に配慮したものである、と分析していました。2010年頃はまだ、様子見という認識だったようです（Linda Jakobson, "China Prepares for an Ice-free Arctic"）。

一方、南シナ海や東シナ海における中国の海洋進出ではいくつものトラブルを起こし、インド太平洋地域では注目されていました。ベトナムやフィリピン、地域を管轄する米太平洋軍（当時、いまはインド太平洋軍）ではインペカブル号へのハラスメント（2009年）に代表される強引な海洋進出により中国の海洋進出は問題視されていました。そして日本では尖閣諸島周辺領海内での中国漁船による海上保安庁巡視船への衝突、船長逮捕事件の対応をめぐり、日中関係が緊迫した状況となったのが2010年のことです。

最大の関心は資源開発

こういった海上での強硬姿勢と軌《き》を一《いつ》にするというか、その前提となる外交姿勢でも強気な場面が増えていきます。こういった強硬姿勢に転じた中国情勢を分析した、中国専門家の毛利亜樹先生は、「2010年は中国外交が、鄧小平が『韜光養晦《とうこうようかい》』という言葉で表現した慎重な姿勢を事実上放棄した年として記憶されるかもしれない」と悪夢の予言のような分析をしていました（毛利亜樹「『韜光養晦』の終わり——東アジア海洋における中国の対外行動をめぐって―」)。

２０１１年3月に実施された全国人民代表大会(全人代)においては、第12次5カ年計画が採択され、「海洋経済発展の促進」と題する項目が盛り込まれ、海洋権益の保護と拡大をより一層重要視する姿勢が打ち出されていきます。

このような外洋進出を加速させる全般的な海洋進出強化のトレンドのなか、２０１２年には第5次観測を行います。この年は１９７９年の衛星観測開始以来、北極海の氷が最も少なくなった年です(第1章、図6のＮＡＳＡの写真の年です)。

砕氷船「雪龍」は往路アイスランドに寄港、復路において、北極海沿岸国以外では初めて北極点付近を横断する北極海中央航路、真っすぐに北極海を横断する最短ルートに挑戦しました。「北極海航路を経由し大西洋と太平洋を往復した。北は北緯87度40分に達し、中国の船舶が高緯度から北極海を航行する先例を築いた」と高らかに宣言し、その成果を誇ります。

２０１３年には北極評議会(Arctic Council：ＡＣ)のオブザーバー国として、日本や韓国等と同時に認定され、北極における発言力強化の足掛かりを得ることとなります。

国家方針に基づき活動を強化する。そして実績を上げ、その結果を前面に国際社会での認知を上げ、国際的な立場が強化され、国内外での発言力が強化される。そして国家の威信向上に貢献する。その結果、国内における組織、個人の認知、地位向上に繋がる。これは国家中心の官僚主義、成果主義の組織の中では素晴らしい流れです。

2014年には第6次、2016年には第7次観測を成功させました。ここまで2年ごと、偶数年に実施されてきた北極観測ですが、2017年にはカナダ側の北東航路でも観測航海を成功させ、「中国は北極の3航路の航行と科学観測のフルカバーを実現した」と報道されるに至ります。

国家海洋局は観測隊が10月に帰国した際、記者会見において、2017年からは北極観測の頻度を、従来の2年に1回から年1回とし、北極観測態勢を強化すると表明します。同局副局長の林山青は、中国が「近北極圏国」であることを強調しつつ、「中国の北極科学観測は今後、さらに新たな事業分野を切り拓く」と述べ、北極への関与姿勢強化方針を示しました。

これらはすべて「科学調査」と呼ばれる調査・研究ですが、当時から中国の最大の関心は資源開発であり、並行して資源調査も行った模様と報道されていました。

中国軍艦ベーリング海航行――オバマ大統領への挑戦

2015年9月、5隻の中国海軍艦艇がベーリング海を航行し、アリューシャン列島の米国領海内を通航したというニュースがありました。

それはオバマ大統領が初めてアラスカを訪問、気候変動に関する国際会議に出席し、「アメリカは北極の国です。これが北極評議会の公式会合ではないにしても、米国は今後2年間、北極評議会の議長国であることを誇りに思っています。私たちは、北極がもたらす機会と課題について、諸外国と協力したいと思っています。誰もが、これらの課題を自分たちだけで解決できるわけではありません。一緒に解決するしかありません」（The White House, Office of the Press Secretary, "Remarks by the President at the GLACIER Conference――Anchorage, AK."）と演説した直後のことでした。

米軍は当時、中国海軍のこの地方での活動は初めてであることを認めるコメントを出しました。艦隊の編成は、3隻の戦闘艦艇、揚陸艦、補給艦、計5隻での行動、中ロ合同の演習後に展開してきた模様です。

当時はあまり大きなニュースにならず、この話を記憶している人もわずかでしょう。米国の報道でも、領海には入ったがハラスメント的な行動はなかったとか、大統領のアラスカ訪問と重なったが、不具合はなかったとか、無難な報道で収束しました（Cooper, "In a First, Chinese Navy Sails Off Alaska, "The New York Times". Branigin," China sends warships into Bering Sea as Obama concludes Alaska visit," The Washington

図25：『ＩＰＤフォーラム』表紙
出所：Indo-Pacific Defense Forum 44巻、4号、２０１９年

Post.)。

しかしこの行動は、中国の北極進出の宣言、米国に対する公然たる挑戦状ともいえるものでした。

米軍は世界に地域統合軍を展開しています。インド太平洋にはアメリカインド太平洋軍（ＵＳＩＮＤＯＰＡＣＯＭ）、その下に陸海空軍の部隊があり、日本でも有名な第7艦隊はその指揮下にある部隊です。

その司令部が、定期的に雑誌を発行しています。しかも英語のみならず、日本語、中国語、ロシア語、ベトナム語等10カ国語版があり、そして……無料です。インターネットで読み放題です。２０１９年の44巻、表紙はこんな感じです（図25）。

その記事（Indo-Pacific Defense Forum、44

巻、4号、2019年28－30頁）では、

「中国人民解放軍の北極進出は2015年に実現した。当時のバラク・オバマ（Barack Obama）米大統領のアラスカ訪問中、中国人民解放軍海軍の艦船5隻がアラスカ沖のベーリング海を航行した。同海域で中国軍艦の航行が確認されたのは史上初めてである。中国軍艦はアラスカ半島から伸びるアリューシャン列島周辺の米国領海12海里内を通航している。……これは明らかに、中国が北極圏シーレーンと中国の経済的利益を確保するために軍事展開を進めることができるということ、そして同国がそれを実施するということを米国と北極沿岸国に知らしめる中国の牽制である。中国および他のアジア諸国から北極圏への通路となるベーリング海峡周辺を中国軍艦は航行している。この海洋チョークポイントは北極海航路と北西航路両方の終端であり、北極圏を通過するエネルギー輸送船や貿易船はすべて同海峡を通過しなければならない。今回の中国海軍の航行は、海洋における覇権力と同海域を強制的に保護する能力を同国が備えていることを実証するものとなった」

軍艦を派遣して国家としてのメッセージを伝える、昔で言えば砲艦外交、戦略的コミュニケーションの典型と言える行動です。「ペリーが浦賀に1853」、試験のために記憶してい

る人は多いと思います。これが砲艦外交です。

戦略的コミュニケーションについて本格的に勉強したい方には、青井千由紀先生の『戦略的コミュニケーションと国際政治 新しい安全保障政策の論理』がオススメです。無料で、という方には拙稿「戦略的コミュニケーションとFDO」が海上自衛隊幹部学校のホームページ上で読めます。

海洋調査と潜水艦戦、対潜戦（ASW）

2016年8月、中海油田服务股份有限公司（China Oilfield Services Limited：COSL）所有の最新型調査船「HYSY720」が、一帯一路構想の一環としてバレンツ海で約100日間に及ぶ調査を終了したという報道がありました。3次元地震探査データの収集と報じられています。収集調査の依頼元や調査海域について公式発表はなかったのですが、ロシアの石油会社ロスネフチ（Rosneft）が依頼元と推定されており、バレンツ海におけるロシアEEZ内での石油・ガスの探査に従事したと見られています。

北極圏の緯度線から900km以上北、超高緯度および超低温海域での3D地震データ収集を行う中国による最初の試み。調査で使用されたHYSY720という船は、中国で独自に建造された最初の深海地震探査船であり、中国初の12ストリーマーデュアルソース大型地震探査船（the first 12-streamer dual-source large-scale seismic vessel）、だそうです。

何のことか、よくわかりませんよね。大雑把な感じで言うと、海底の地形や地質を調べるには、船から人為的に、エアガンとかで「ど〜ん」とやって、水中に音波を送り、その反射波で海底の地形を調べ、さらに地中で反射して時間差で戻ってくる波も調べて、「あ、この辺は岩」「ここは粘土の層が……」「砂」なんて感じで、反射波の伝わり具合やその特性を解析することでわかるそうです。

この活動は純粋な科学調査とは異なり、資源採掘に直結する調査です。そのような機微な調査を請け負うことからも、中ロ間の密接な関係が構築されているということが窺《うかが》えます。

さらに突っ込んで言えば、これで収集できる水中や海底のデータは潜水艦の作戦や対潜戦で重要な、それぞれの海域特有の資料であり、軍事情報として貴重なデータということです（COSL, News Releases, 2016-08-09）。

音波伝搬、特に浅海域の音波伝搬では、海底の地質が大きく影響を与えることから、広範囲に深い海底層までデータ収集できる調査船は事実上、作戦海域の海洋特性に関する情報収集に当たっているとも考えられるのです。余談ですが、この種の調査船は太平洋、日本周辺でも以前から活動しています。

図26に中国の調査船の写真を写しておきます。船の後ろ側に何本かケーブルが見えます

図26：中国の海洋調査船 HYSY 720
出所：COSL, News Releases

が、これがマイクロフォンを一定間隔で内蔵したアレイ（吹き流しみたいなもの）を引っ張っている、と推定されます。

水中での音波伝搬経路と対潜戦（ＡＳＷ）のわかりやすそうな図が図27です。自分で図が描ければよいのですが、作図が下手なので米海軍のソーナー開発史の論文から転載します。

潜水艦を探してやっつける対潜戦のイメージです。水中で音速は変化し、真っすぐには進みません。水温、水圧、塩分濃度等の影響で屈折します。また、海底に当たって反射するのがＢＢ（Bottom Bounce）と呼ばれる伝搬経路です。この他にも直接伝搬する経路や、いったん海中深く数千ｍの水深まで下がってから、また上に向いて曲がってきて収束

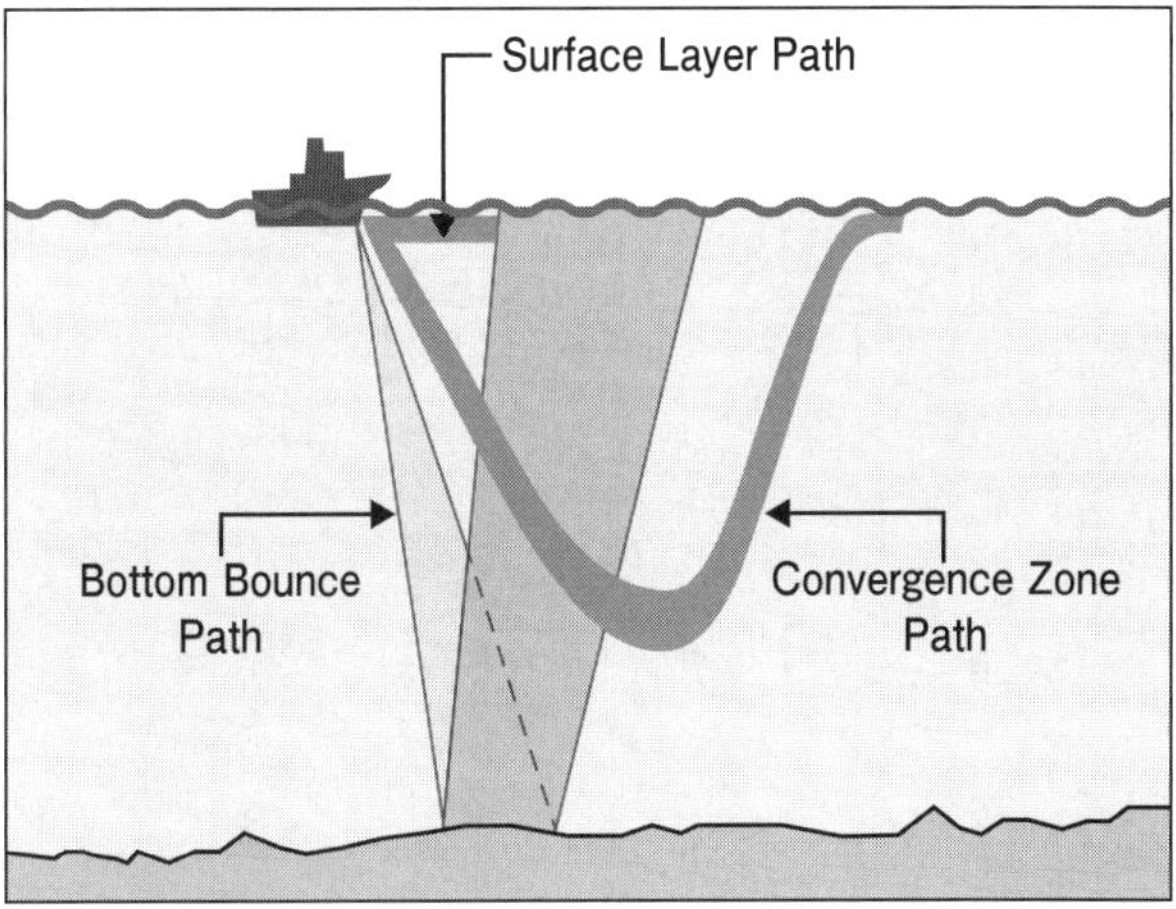

図27：水中音波の伝搬経路
出所："Probing the Ocean for Submarines, A History of the AN/SQS-26 Long-Range,Echo-Ranging Sonar," Fig.1

するCZ（Convergence Zone）もあり、簡単ではありません。

引用元の論文では第二次大戦以来の対潜戦の歴史、冷戦時代のソ連潜水艦の背景もありますので、よかったら読んでみてください。

対潜戦は大別して、潜水艦の発する音を聞き耳立てて分析するパッシブ戦、逆に人為的に音を発生させて反射を探るアクティブ戦に大きく分かれます。

どういった戦術、道具を使用するにしても、この水中音響が基本です。それぞれの海域ごとに異なる特性を調査し、訓練し練度を上げ、初めて実戦で潜水艦を探知・攻撃できるのです。

『女王陛下のユリシーズ号』でもUボート相手の対潜戦が中心でした。冷戦期を通じ、北極海の海中でも厳しい潜水艦の作戦、潜水艦同士の鎬《しのぎ》を削る追っかけっこのような行動もあった模様です。いまはどうか、こういった機微な情報は、なかなか公開されません……が、ロシア海軍が公表した3隻浮上の訓練。戦略ミサイルを撃つ潜水艦とそれを直接護衛する潜水艦、攻撃に来る敵の潜水艦を待ち伏せる潜水艦、なんて役割でやっていたのかもしれません（知らんけど〜！）。

２０２１年には中国が開発した自律型水中ロボット「探索４５００」による北極海水中観測を成功させた、という報道がありました。

中国の第12次北極科学観測として、極地科学調査船「雪龍2号」で実施された観測です。科学研究チームは北極海での活動区域が高密度の海氷に覆われているという特徴を踏まえ、音響遠隔操作と自動誘導を融合した革新的な海氷下回収技術を開発し、海氷の密集した北極高緯度海域で連続潜航を成功させたと報じられました。

その結果「探索４５００」は近海底における高分解能マルチビームや水文、磁力の各データの採取に成功。非常にゆっくりとした速度で拡大するガッケル海嶺の地形や地勢、マグマ、熱水活動など、北極深海部の最先端科学研究のために先進的な探査技術を提供しました。「北極海氷域における良好な環境適応能力、高緯度における高精度航法性能、高密度海氷域における応急処理能力、中央海嶺の近海底における精密探査能力が十分に検証された」

と、その成果を誇りました（新華社、２０２１年10月９日）。

ロシア人科学者が中国のスパイだった

違った視点から、気になるニュースがありました。

２０２０年６月、北極圏地域を専門とするロシア人科学者が中国へ国家機密を提供したとして、反逆罪で起訴されていたというのです。

この学者の弁護人が15日、明らかにした話として「サンクトペテルブルクの北極科学アカデミー会長であるバレリー・ミトコ（Valery Mitko）被告（78）が２月に起訴されて以来、自宅で軟禁下にあるという。……パブロフ氏によると、連邦保安局（ＦＳＢ）は、被告が講演のために中国を頻繁に訪れ、その際に機密情報を中国政府に渡していたと疑っている。……国営タス通信（ＴＡＳＳ）と民営のインタファクス（Interfax）通信が情報筋の話として報じたところによると、被告が渡したとされる情報は潜水艦の探知についてのものだったという」（ＡＦＰ　ＢＢ　Ｎｅｗｓ、２０２０年６月17日）という話です。こういった話は事実関係の確認がとりにくいのですが、ロシアも中国の経済協力は不可欠だが、軍事的進出、潜水艦の進出は大歓迎とはなっていないものと思われます。

こういった調査活動の報道等、中国の北極海での活動を受けて、米軍の中でも早くから中国の北極進出に目をつけていた、レベッカ・ピンカス米海軍大学准教授（当時、現在はCSIS研究員）は2019年の段階で「10年以内に中国の潜水艦を目撃するようになるだろう」と、中国潜水艦の北極海進出に危機感を示していました（『朝日新聞』2019年8月26日）。

中国沿岸から北極海に一気にワープはできません。中国沿岸から日本列島周辺の海峡経由、千島列島沖、アリューシャン列島経由でベーリング海、という海域がにわかに注目されます。

北極海における中心選手、砕氷船

1993年にはウクライナから極地調査用砕氷船「雪龍」（Xuelong）を取得、排水量2万1000tと、通常型砕氷船としては世界最大のものでした。実は、中国最初の航空母艦の遼寧《りょうねい》もウクライナから1998年に輸入し、改装したものでした。最初は海外から完成した実績あるものを輸入し、研究、それから国産化を進める。砕氷船でもその流れで、続々と整備されます。

2番艦は、雪龍2号です。2018年9月、上海の造船所で、初の国産砕氷船雪龍2号として進水します。特徴は前後双方向への砕氷可能で、2－3ktの速度で厚さ1・5mの連続砕氷能力を備えているとされています。２０１９年10月から２０２０年３月にかけては南極海での処女航海を成功させ、以後極地での観測航海に従事、２０２１年には水中ロボット「探索４５００（Tansuo4500）」を使用した海中観測も含め、北極での観測航海も実施しました。

さらに、中国は原子力砕氷船建造計画も進めているとの報道もあります。

２０２３年２月、中国の大学初の砕氷船「中山大学極地」号が、渤海《ぼっかい》における流氷エリアの試験航行任務を無事終了したと報道されました。

「今回の航行段階は、中山大学極地号が科学調査船の改造を終えた後、流氷エリアでの『デビュー』だった。低温航行、砕氷、船舶積載科学調査設備、流氷エリア科学調査保障などの能力検証に成功し、中国の大学初の、国内で３隻目の極地科学調査能力を持つ砕氷船になった」（『人民網日本語版』２０２３年２月６日）。

北極海航路において冷戦時代からの運用実績を持つロシアは、原子力砕氷船を含め大・中様々な砕氷船を約50隻、保有しています。その次はカナダで12隻、フィンランドが９隻、米国は６隻保有ですが、１隻は長期修理中で使用不能、日本は南極観測用の砕氷艦「しらせ」１隻、という状況です（CRS Report "Coast Guard Polar Security Cutter [Polar Icebreaker] Program," December 22, 2022）。

2022年4月4日時点の主要国保有の砕氷船等

	政府所有及び運用			個人所有及び運用			
	PC1,PC2, or equiv.	PC3,PC4, or equiv.	PC5,PC6, or equiv.	PC1,PC2, or equiv.	PC3,PC4, or equiv.	PC5,PC6, or equiv.	合計
ロシア	6 [+2 unavailable]	22	8		9	6	51 [+2 unavailable]
カナダ		2	10				12
フィンランド		7	2				9
米国	1 (Polar Star) [+1 non-operational (Polar Star)]	1 (Healy)			1 (Aiviq)	2 (Sikuliaq and Palmer)	5
スウェーデン		4					4
中国		1	3				4
デンマーク			3				3
ノルウェー		1	1				2
エストニア			2				2
フランス			1		1		2
英国		1					1
日本		1					1
オーストラリア					1		1
イタリア			1				1
ラトビア			1				1
韓国			1				1
南アフリカ			1				1
アルゼンチン			1				1
チリ			1				1
ドイツ						1	1

図28：主要国保有の砕氷船等
出所：CRS Report "Coast Guard Polar Security Cutter (Polar Icebreaker) Program," December 22, 2022（一部を和訳）

そういった情勢下での3隻目の極地用砕氷船。北極でプレゼンスを示すには砕氷船は不可欠であり、その重要性を認識し、着実に整備を進めている証拠と言えるでしょう。

図28は、米議会調査局報告書に記載された主要国の砕氷船一覧です。

表の上の〝PC1〟とかいうのはポーラークラス（Polar Class）という記号で、その船舶がどの程度の砕氷航行能力があるかを示す指標です。たとえばPC1ですと「すべての極海域の年間通じた航行」ができる。PC2ですと「中程度の厳しさの多年氷がある海域の年間通じた航行」ができる、といった具合です。

ロシアの突出した砕氷船数が目立ちます。

一帯一路と氷上シルクロード、北極政策白書の公表

氷上シルクロード構想が明らかになったのは、２０１７年の習近平主席のロシア訪問の旅でした。プーチン大統領と会談し、氷上シルクロード構想を提示し、北極海航路開発における協力推進に合意しました。

同年11月には北京を訪問したロシアのメドヴェージェフ首相と習主席が会談し、「ロシアと共同で北極海航路の開発・利用協力を推進し、氷上シルクロードをつくり上げなければならない」二国間協力の推進を確認します。

２０１８年１月、中国は初めてとなる北極政策文書『中国の北極政策』を公表しました。同白書は「北極の情勢と変化」「中国と北極の関係」「中国の北極政策の目標と基本原則」「中国の北極事務への関与における主要政策主張」の４つの部分からなっており、その概要は以下のとおりです。

・中国の資金、技術、市場が北極航路の開拓や沿岸国の発展に重要な役割。
・中国は関係国と「氷上のシルクロード」を建設し、北極地域の持続可能な発展を促進。
・北極の環境、気象、生態などの科学調査を強化。北極の環境を保護し気候変動に対応。

・北極航路の開発利用、石油や天然ガスの開発、漁業資源の保護利用に関与。
・自然を生かした観光開発を促進。
・国連憲章や国連海洋法条約を堅持しながら、北極統治メカニズムの整備を提唱。

この発表は世界に波紋を投げかけました。中国が海洋派遣の野望に関し北極海にまで及んでいることを隠さなくなった、といった、中国の北極進出に警鐘を鳴らす論調が数多く見られたのです。

中国は一帯一路政策の下、強引とも言える手法でアジアやインド洋諸国における、海外インフラ整備でトラブルを起こしてきました。パキスタンのグワダル港においては、当初は民間用に整備としていたものを海軍艦艇も使用するようになりました。スリランカのハンバントタ港では、中国に対する債務が膨大な額となり、債務軽減と引き換えに、港湾の運営権を99年間のリース物件として中国に譲渡する事態となり、多くのスリランカ国民から主権侵害と受け止められる事態となりました。

グリーンランド、アイスランド、北欧諸国への接近

このような事例からの類推として、北極海航路、アイスシルクロードも一帯一路構想に入

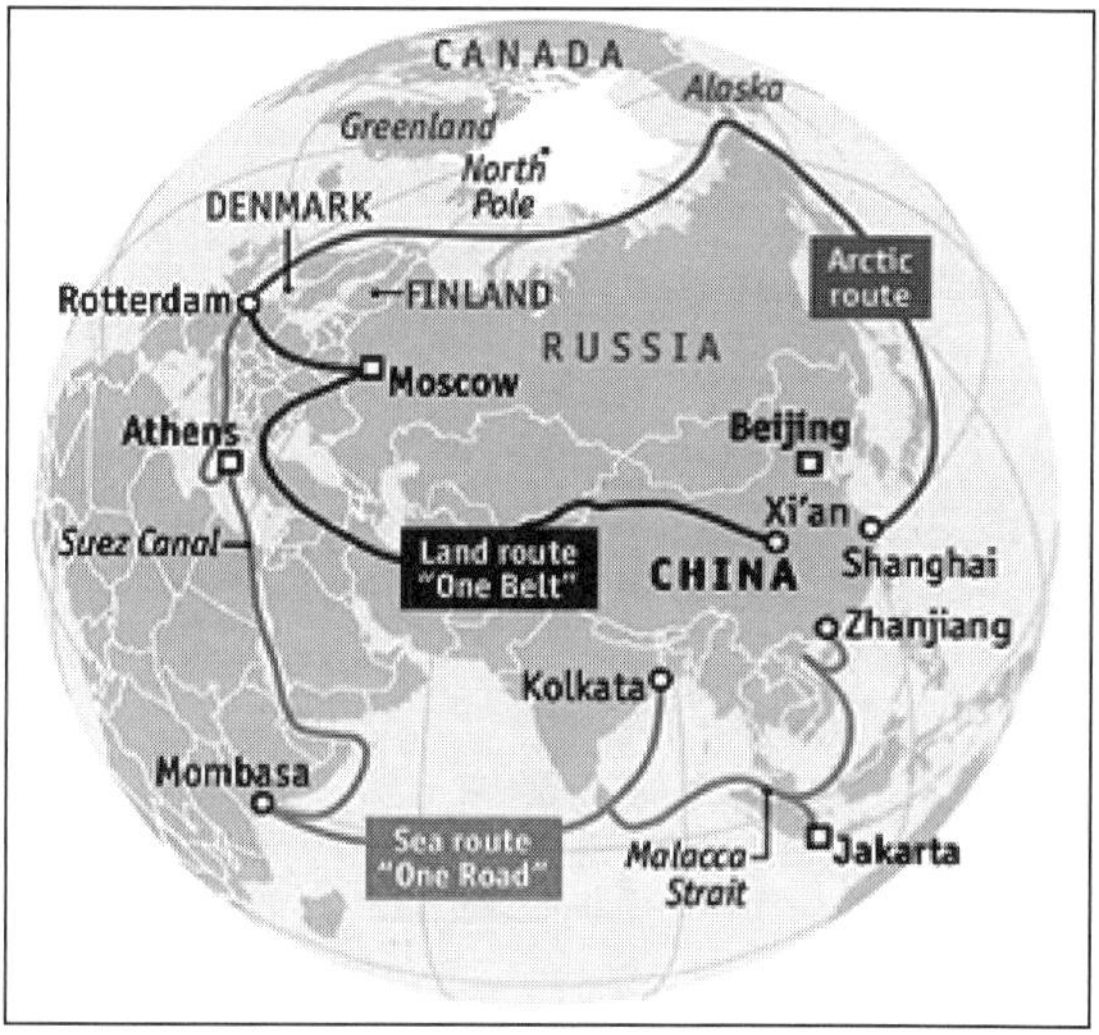

図29：一帯一路と氷上シルクロード
出所：The Economist, April 14, 2018.

る、ということはアイスランドやグリーンランドへの投資、インフラ整備でも同様の手法が狙いとしてあるのではないかとの疑念に繋がったのでした（図29）。

　実際に各地で、中国の北極進出が加速していきます。海洋観測とともに、地上での観測、地上から行う宇宙の観測、それらに伴う基地や施設の設置が北欧諸国で深まっていきました。科学調査を前面に行うこれらの活動は、「科学外交」と総括されます。個別具体的なお話で経緯を確認したいと思います。

金融危機で中国に近づく

アイスランド北部の荒涼とした高原に２０１８年10月、「中国アイスランド北極科学研究ステーション」が完成しました。オーロラなどの自然現象を両国の研究機関が共同で観測するという名目です。

建設費の約６００万ドルは中国側が全額負担し、約１６０haの敷地は中国が99年間使用できる契約を結んで建設されました。開所式に参列した中国の金智健・駐アイスランド大使は、「中国は北極圏の主要な利害関係者として、一帯一路の枠組みを通じて協力を推進し続ける」（『読売新聞』２０１８年11月21日付朝刊）と語ったとされています。

中国とアイスランドの関係は、紆余曲折《うよきょくせつ》ありながら深化、と言えるのでしょうか、いろいろな話がありました。

２０１１年には中国の不動産企業が約３００平方kmの土地を買収してリゾートを建設する計画がありました、兵庫県・淡路島の半分ほどに相当する広大な土地をリゾートにするというものでした。所有者は売却に承諾したものの、政治、軍事的な意図があるのではとの懸念が示され、政府が許諾を審査する事態となりました。国の独立性を守るためにも土地売買の制限が必要となり、前例のない大規模売却は不認可となりました（『産経新聞』２０１７年11月19日）。

アイスランドを中国へと近づけたのは、２００８年の金融危機でした。為替レートの急落や失業率の急上昇によって、アイスランドは、国際通貨基金（ＩＭＦ）と欧州連合（ＥＵ）に救援を求めざるを得なくなったものの十分な支援が得られず、新たな経済協力パートナーを探し始めたのです。

中国はこれに意欲を示し、２０１０年には通貨スワップ協定を締結し、２０１３年には自由貿易協定（ＦＴＡ）を締結します。ちなみに、これは中国と欧州国家との初のＦＴＡとなりました。

中国の報道では「13億７０００万の人口を抱えて急速に発展するアジアの大国と人口33万の北極の島国とは現在、関係を急速に発展させている」「アイスランド北部の湾に深海港を建造し、アイスランドを北海航路（ママ）の主要な海運センターとするなど、野心に富んだ計画を交渉している」等々、中国の北極海進出の大きな足掛かりとしようとする姿が見えます（『中国網日本語版（チャイナネット）』２０１６年11月27日）。

鍵となるグリーンランド――空港拡張工事に中国系企業が

日本の約６倍の面積を有するグリーンランドですが、人口は約５万７０００人。９割は先住民系で独立志向が強く、住民投票を経て２００９年には外交、安全保障を除く広範な自治権を獲得することができました。

しかしながら、独立への最大の課題は経済問題です。主要な産業はデンマーク政府の補助金に頼るという、経済的な脆弱《ぜいじゃく》性があります。主要な産業は水産業で、２０１０年の輸出品の87％が魚介類（うち55％がエビ）および水産加工品となっています（デンマーク大使館ホームページ）。

このような状況から、自治政府は経済的な中国資本の進出を非常に歓迎してきました。たとえば2011年、天津で開催された「中国国際鉱業大会」にもグリーンランド自治政府の鉱物・石油資源局担当者が出席し、投資説明会を開き中国人投資家に働きかける、といった活動がありました。

そういったなか、空港開発問題が発生します。

グリーンランドの主要な民間空港は、自治政府首都のヌーク（Nuuk）、ツーリズムの中心イルリサット（Ilulissat）、南部のカコトック（Qaqortoq）があるのですが、いずれも滑走路が短く、海外から直接ツアー客等が飛来するには、拡張工事が不可欠なのです。

その空港拡張工事に中国系企業が参入しようとし、デンマーク本国や米国が警戒する事態となったのです。空港拡張計画が決定したのは2015年、総事業費の36億クローネ（約570億円）は島の域内生産（GDP）の約2割に当たり、当初デンマーク政府は負担に消極的でした。そこで、自治政府が頼ったのが中国だったのです。2017年、自治政府キールセン（Kim Kielsen）首相が訪中し、中国輸出入銀行などを回り協力を求めましたが、この事態に危機感を抱いたのが米国・米軍でした。

２０１８年５月にはマティス（James Mattis）米国防長官がデンマークの国防相に「中国に北極圏での軍事力を広げさせてはいけない」と直接警告したといわれています。結果、デンマーク政府は空港拡張工事への慎重姿勢を一変させ、積極関与に転じました。

同様の事態は過去にもあり、２０１６年に中国企業がグリーンランドにある旧米海軍基地施設を買収する案を持ちかけた際、デンマーク政府が米政府の希望を受けてこれを阻止した、と報じられています。

こういった動きはグリーンランドの独立派を刺激することとなり、グリーンランド議会のヴィヴィアン・モッツフェルト（Vivian Motzfeldt）議長は「米国とデンマークは傲慢だ。中国が私たちに投資したいなら、今後も排除しない」と中国に対する期待を示す事態となります（『朝日新聞』２０１９年８月26日）。このような情勢は自治政府内での内紛をもたらし、２０１８年９月に連立政府が崩壊するに至りました。

２０１８年には日本のテレビ局のインタビューに答えるかたちで、グリーンランド自治政府エネルギー相は、グリーンランドに投資して雇用を創出してくれるなら中国資本を歓迎すると述べていました。

２０２１年４月、レアアースやウラン鉱山開発反対運動や、デンマークからの独立推進等の問題をめぐり選挙が実施され、政権交代が実現しました。環境を保護しつつも独立推進へ

図30：アージャ・ケムニッツ・ラーセン
出所：High North News, Nov 26 2021

の動きが加速するという期待もあります（"Greenland's new leadership will be challenged by a push for faster independence," Arctic Today, 2021.4.9）。

現在、独立への準備として憲法草案が作成されている模様です。ひょっとすると、この本が出版される頃には公表されているかもしれません。いま、グリーンランドでは連立政権の下、様々な動きが進行中で目が離せません（"Greenland expects the first draft of a new constitution soon," Arctic Today, 2023.1.28）。

米国の対応――「北極からの撤退」

イヌイット友愛党所属のデンマーク議会議員、アージャ・ケムニッツ・ラーセン（Aaja Chemnitz Larsen：図30）は新聞のインタビュ

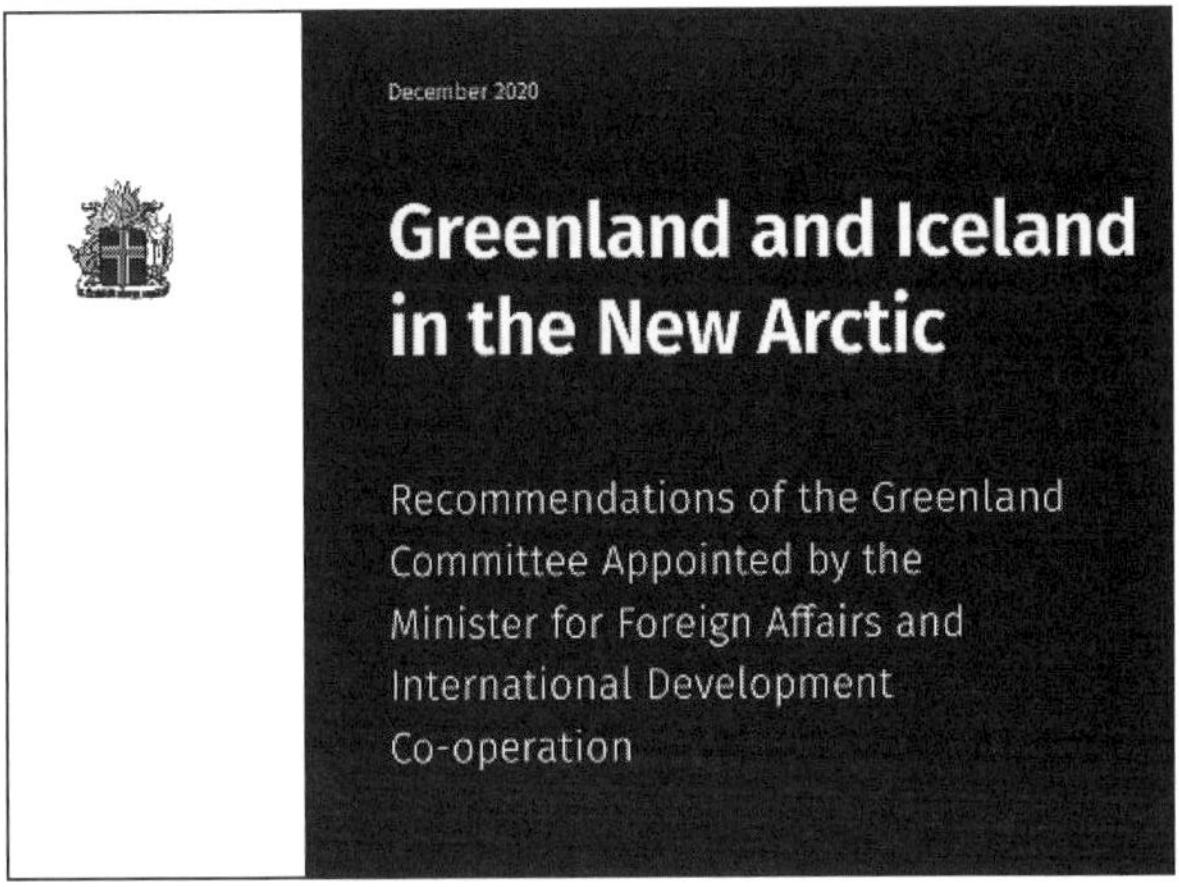
December 2020

Greenland and Iceland in the New Arctic

Recommendations of the Greenland Committee Appointed by the Minister for Foreign Affairs and International Development Co-operation

図31：グリーンランドとアイスランド協力推進報告書
出所：アイスランド外務省委員会

ーにおいて、「中国、ロシア、米国からの関心が高まっている状況に鑑み、域内各国が連携し、国際政治に関心を持たなければならない」「トランプ大統領のグリーンランド購入発言が世界に対する目覚ましとなった」と述べています。アイスランド外務省作成の「グリーンランドとアイスランド協力推進報告書」（図31）を引用しつつ、両国の連携強化、独立への希望を語りました。

　この報告書は、2019年にアイスランド外務大臣によって任命されたアイスランド・グリーンランド委員会によって作成されたもので、グリーンランドとアイスランドの間の自由貿易や交流の促進について述べられています。しかしながら、現在グリーンランドは独立国ではなく、外交や軍事に関する対外的な意見発表、交渉は限定的です。

そこで同議員は「長期的な目標は、グリーンランドの対外政策について、気候変動だけでなく、安全保障問題や国際政治についても研究することである」「NATOと北極評議会にグリーンランドは代表を送り、緊張緩和を目指す。平和が重要である」と、NATOの一員ではあるが、軍事力強化や対立には反対であるという姿勢を示しています（Trine Jonassen, "Greenland Wants to Take the Lead: "We Have to Pick the Right Friends," High North News, Nov 26 2021.）。

この報告書に、「1－5 北極からの撤退」という項があります。そこには（"Greenland and Iceland in the New Arctic", p23）

「冷戦が終結し、ソ連が崩壊したことで、米国は事実上北極から撤退した。アイスランドでは、アイスランド当局からの強い反対にもかかわらず、米国は2006年にケプラヴィークの軍事基地を一方的に閉鎖することを決定した。大西洋を繋ぐ関係は大幅に冷え込んだ。2008年から2019年にかけて、アメリカの高官はほとんどアイスランドを訪れず、自由貿易に関する交渉の要請は冷たい扱いを受けた。北極に対する無関心は、北極評議会への関心の低さからも明らかであった」

そう、アイスランドが経済危機で大変な時に、米国の対応は冷たく感じられ、そこに付け入ったのが中国だった、という構図です。では「世界への目覚ましコール」、皆さん、覚えていますか？

トランプ大統領のグリーンランド購入発言

２０１９年８月、トランプ大統領が記者団に対し、グリーンランドに関して「大きな不動産取引になる。（米国が所有すれば）戦略的に素晴らしい」と述べ、ニュースになりました。

トランプ大統領の思いつきのように見えますが、何人もの顧問たちに複数回にわたり、グリーンランド購入について意見を求めたうえでの発言だとも報道されており、背景には北極圏をめぐるロシアと中国の緊張の高まりがあるとの説明もありました。

そうです。中国の北極進出に対抗する姿勢を表明した、その表れです。

中国の海洋進出に対する警戒感は、オバマ政権の後半からありました。特に南シナ海の埋め立てや２００９年のインペカブル事件等で直接対峙してきた太平洋側の米軍部隊では強く認識されていました。ピボットとかリバランスという政策で議論されてきました。

何といっても、中国との明確な対決姿勢はトランプ政権になってからでしょう。２０１７年公表の国家安全保障戦略や２０１８年の国家防衛戦略に明確に記述されるようになりました。そして中国の北極政策文書『中国の北極政策』の公表です。黙って見過ごすわけにはいきません。

ポンペオ国務長官が２０１９年5月、北極評議会会合に向け、次のような演説を行いました（Michael Pompeo, Secretary of State, Speech "Looking North: Sharpening America's Arctic Focus," May 6, 2019：私訳）。

「先月、ロシアは北極海航路を中国の海上シルクロードと連携する計画を発表しました。……中国はすでに北極海での航路を開発しています。これは非常によく知られているパターンと同じです。中国政府は、中国の資金、中国企業、中国人労働者を使って重要なインフラを開発しようとしています。米国防省は先週、中国が北極における民間研究を利用し、核攻撃抑止のための潜水艦派遣を含む北極海における軍事的プレゼンス強化の可能性があると警告しました。……自問自答してみましょう：北極圏の国々、特に先住民族のコミュニティが、債務と腐敗に陥ったスリランカやマレーシアの前政権と同じ道をたどることを望んでいますか？　北極圏の重要なインフラが、中国が建設したエチオピアの道路のように、わずか数年で崩壊して危険な状態になってしまうことを望んでいますか？　北極海が、軍事化と競合する領有権争いに満ちた、新たな南シナ海になることを望んでいますか？」

続くバイデン政権は、さらに北極重視の姿勢を打ち出し、北極海航路やこの地域の資源開発、さらに北極海の安全保障に力を入れると宣言します。

バイデン大統領は就任直後にカナダのトルドー首相と会談し、北極をめぐる両国の対話を創設することで合意します。会談後には「対話で大陸の安全保障や経済的な問題、北極圏の統治を扱う。我々は気候変動への取り組みを倍増させる」と述べます。２０２１年１月、気候変動問題を「外交と国家安全保障の中心」と位置づける大統領令に署名し、安全保障の方向性を明示しました。

２０２１年5月、アントニー・ブリンケン国務長官は、レイキャビクで開催された北極評議会の閣僚会議からの帰路、グリーンランドに立ち寄り、グリーンランド自治政府首脳と会談しました。新連合政権首脳との会談です。

バイデン政権は、２０２２年10月に、新たな北極戦略を公表しました。今後10年間を目処《めど》とする戦略です。ロシアと中国の活動の増加やウクライナ戦争を受けての改定です。

戦略は大きく4つの柱からなり、第1が安全保障：同盟国等との連携、能力を強化して脅威を抑止する。第2は、気候変動と環境保護：レジリエンス強化、温室効果ガス排出削減。第3は、持続可能な経済開発。第4は、国際協力とガバナンス：ロシアのウクライナ侵略によって北極における国際協力が問題に直面してはいるものの、米国が北極評議会を含む北極協力のための制度、機関を維持し、活動を強化するように努めるとしています（"The United States' National Strategy for the Arctic Region," 2022.10.7.）。

国際協調、気候変動問題を重視する姿勢は民主党政権らしさが表れているといえるでしょう。

北極におけるハイブリッド戦争(?)

最近注目を集めつつある北極、グリーンランド独立問題や中国の関与、ウクライナ戦争の影響とＮＡＴＯ・ロシア対立。こういったきな臭い状況下、大国の影響力確保に関して気になることがあります。ハイブリッド戦争とか情報戦という言葉が昨今、流行していますが、デンマークやグリーンランドでも情報機関が活動中という報道がありました。

デンマークの安全保障情報局、防諜部門の責任者が「デンマーク、グリーンランド、フェロー諸島に対する外国の情報機関による活動、脅威が近年増加している」と警告した、というものです。

報告書は、グリーンランド外務大臣から米国上院議員に宛てて独立の国民投票が近づいている、とした偽造書簡が２０１９年に発行された事件を引用し、「この書簡は、デンマーク、米国、グリーンランドの間で混乱を引き起こし、紛争を引き起こす可能性があるロシアの影響力のあるエージェントによって作成され、インターネット上で共有された可能性が非常に高い」とされています。

また中国、ロシア、イランを含む外国の諜報機関が、デンマークの技術と研究に関する情報を利用するために学生、研究者、企業と接触しようとしていることが指摘されている、と報道されました（ロイター、２０２２年1月23日）。

ＡＦＰ通信は２０２２年9月、グリーンランドのイヌイット系住民の女性が、強制的な避妊手術を受けていたというニュースを発信しました。本人の同意もなしに避妊具を強制的に体内に装着された女性が約４５００人もいた、という驚くべき情報です。真偽は不明ですが、グリーンランドの人々の間で、こうした仕打ちを行ってきたデンマーク本国に対する反感が高まることは間違いないでしょう（ＡＦＰＢＢニュース、２０２２年9月４日）。

この強制避妊手術のニュースがそうした情報活動の結果かどうかは不明ですが、北極海をめぐる安全保障上の対立激化に伴い、中ロの情報戦がエスカレートすることが予想されています。

北海道大学の高橋美野梨氏（現・北海学園大学）は「北極圏に足場を置いて影響力を確保したい中国にとって、31人の議員しかいないグリーンランドはロビー活動も容易だ。一方、経済的な脆弱性を克服したいグリーンランドにとっても、資金を提供してくれるなら基本的にはウエルカムだ」と分析しています（高橋美野梨「基地政治とデンマーク」『国際安全保障』）。

アイスランドの人口は現在約37万人、和歌山市の人口レベルの独立国。グリーンランドは約5万7０００人。大阪狭山市とほぼ同じレベルの人口で独立を目指し、憲法草案検討中のデンマーク自治領。それぞれが第２章で述べたＧＩＵＫギャップの要《かなめ》です。

欧州としての懸念

欧州安全保障研究所（European Union Institute for Security Studies：ＥＵＩＳＳ）が、２０18年12月に“Along the Road-China in the Arctic”と題する報告書を公表しました。

この報告書は２０１８年の中国北極政策白書（『中国の北極政策』）公表への言及から始まり、本書でも論述してきたグリーンランドやアイスランドへの中国へのアプローチが、詳細に分析されています。

氷上シルクロードは北京の北極に対する野望の大きさと一貫性を強調するもので、経済および安全保障上の利益と戦略的プレゼンス強化を統合するものであると分析し、具体例としてロシア、リトアニア、ノルウェーにおける港湾整備、ヘルシンキからタリン（エストニア）へと続く１００km超の海底トンネル鉄道整備計画を示します。

そしてグリーンランドの空港整備等への投資計画を示したうえで、スリランカにおける中国の投資と影響力確保の手法を引用し、警戒の要を説いています。米ポンペオ国務長官演説と同じ趣旨ですね。

さらに「科学外交」という項目を設け、１９９４年の雪龍購入以来、１９９６年の国際北極科学委員会加盟、２０１３年の北極評議会オブザーバー認定へと、「科学外交」を前面に、着実に中国政府の野望を達成してきたと分析しています。

具体例として、２０１２年のアイスランドでのオーロラ研究所開設。２０１６年のスウェーデンにおける宇宙観測センター、２０１８年のフィンランドとの協定に基づく共同北極宇宙観測センター設立。グリーンランド主要空港カンガルッスァック近傍における、北京師範大学が支援する軍民両用技術を有する衛星地上局プロジェクト等々。

欧州諸国も、中国の「科学」を前面に出しながらも危ういアプローチに警戒しつつある、という一つの例です。同様の対中警戒感の表れが、ここ数年見られるようになってきました。

たとえば、英国防相は2022年3月、英国の極北地域における軍事的貢献と題する政策文書を発刊しました。

北極圏の融氷が脅威と機会をもたらし、ロシアの軍事力強化、中国の軍民融合アプローチに懸念を表明、「世界中の他の場所からの脅威が北極圏に波及する可能性がある」と警鐘を鳴らします。

そのうえでNATOの一部として二国間、多国間の枠組みを通じ、艦艇部隊の派遣や極北でのプレゼンス活動、陸軍による寒冷地訓練を拡大し、P－8A哨戒機のアイスランド派遣等、関与強化姿勢を明示しました。英国の軍事的役割として、海中の重要インフラの保護、北大西洋、特にグリーンランド－アイスランド－英国（GIUK）ギャップでの制海確保を述べています（"The UK's Defence Contribution in the High North."）。

第5章

協調可能性と課題：国際制度

国際的な枠組み——北極評議会（ＡＣ）

いままで、国家間の対立や競争を中心に述べてきました。しかし、資源開発や航路航行、漁業規制等、沿岸国・非沿岸国の思惑と利益確保の思惑が交錯する北極においても話し合いと協調の場もあります。

最も中心的なのが、北極評議会（Arctic Council：ＡＣ）です。北極評議会は、カナダ、デンマーク、フィンランド、アイスランド、ノルウェー、ロシア、スウェーデン、米国の８カ国が中心となり、１９９６年9月16日のオタワ宣言に基づき、ハイレベルの政府間協議体として発足しました。北極域での持続可能な開発や環境保護に関して協力、調整や交流を目指しています。

事務局はトロムソ（ノルウェー）に置かれ、２年に1度議長国で評議会が開催されます。また評議会のもと、科学技術の専門家による６つのワーキンググループがあります。

先住民グループが最初からメンバーとして入っているのも特徴的です。アリュート国際協会（Aleut International Association：ＡＩＡ）、北極圏アサバスカ評議会（Arctic Athabaskan Council：ＡＡＣ）、グイッチン国際評議会（Gwich'in Council International：ＧＣＩ）、イヌイット極域評議会（Inuit Circumpolar Council：ＩＣＣ）、ロシア北方民族協会（Russian Association of Indigenous Peoples of the North：ＲＡＩＰＯＮ）、サーミ評議会（Saami Council：ＳＣ）、北極圏に居住する先住民団体の7団体が、常時参加者（ＰＰ：Permanent Participants）として参加しています。

前身は北極圏の環境保護を目的とする「北極圏環境保護戦略（Arctic Environmental Protection Strategy：ＡＥＰＳ、１９８９年設立、参加国は現北極評議会加盟国と同じ）」であり、「オタワ宣言」（Declaration on the Establishment of the Arctic Council：１９９６年9月19日）に基づき、ハイレベルの政府間協議体として設立されました。

国際協調のプラットフォームとして機能

目的は、北極圏に関わる共通の課題、持続可能な開発や環境保護の問題に関し、先住民社会やＮＧＯの関与を得つつ、北極圏諸国間の協力・調和・交流を促進することでした。同宣言では軍事・安全保障に関連する事項は扱わないこととされていますが、近年、安全保障にも目を向け始めたといわれています。

通常2年に1度の閣僚レベルの会合、これが最も高いレベルでの集まりで、議長国も2年ごとのローテーション。意思決定はメンバーによるコンセンサスで行われます。日本も２０１３年5月、オブザーバー国として認められ、外務省の北極担当大使等が閣僚会合、高級北極実務者会合に参加するほか、各種専門家会合、ワーキンググループには、わが国研究機関から専門家が出席しています。

具体的な活動としては、北極圏での気候変動の影響に対処するため、気候変動に対する科学的研究の促進、温室効果ガスの排出削減、再生可能エネルギーの推進などを行っています。また海上での開発や交通の増加に向けて海洋安全保障上のリスクに対処するため北極海域での船舶安全、石油・ガスの採掘・輸送に関する安全対策、漁業の持続可能性の確保など、海洋安全保障に関する取り組みを進めてきました。

この他にも先住民の権利保護、文化・伝統の尊重、教育・保健・経済支援、さらには北極圏における生物多様性保全、鉱物資源開発の持続可能性、地域開発の支援など、様々な分野での活動が継続してきました。

具体的な成果として、２０１１年の北極圏における捜索救難協定（Arctic Search and Rescue Agreement）や、２０１３年の北極海油汚染対策協定（Agreement on Arctic Marine Oil Pollution）、２０１８年の中央北極海無規制公海漁業防止協定（Agreement to Prevent Unregulated High Seas Fisheries in the Central Arctic Ocean）等が条約として締結されてきました。

北極評議会がこういった多国間の利害、意見を調整、合意する制度の中心として機能してきたことが理解できると思います。

北極評議会では軍事問題は扱わないこととされていますが、多くの国では実際に捜索救難には軍や沿岸警備隊（米国においては軍事組織）のような軍事的な組織が関係します。そこでＳＡＲ（捜索救難）における共同の深化や情報共有のため、北極評議会メンバー８カ国を中心とする、軍首脳が一同に介する北極圏安全保障軍事会議（Arctic Security Forces Roundtable：ＡＳＦＲ）がほぼ毎年、開催されており、国際協調のプラットフォームとして機能してきました。同様に沿岸警備隊の実施するフォーラム、The Arctic Coast Guard Forum（ＡＣＧＦ）も海上における法執行機関、海難救助専門組織による国家間協調枠組として機能してきました。

ウクライナ戦争後、ロシア抜きの北極評議会には限界も

ウクライナ戦争が２０２２年２月に始まりました。不幸なことに、２０２１〜２０２３年の２年間、議長国はロシアでした。３月にロシア以外の北極７カ国が協議し、ロシアの侵略を非難、当面の活動休止を決定しました。その後も戦争は継続し、長期化するに及んで、ロシア抜きでの活動再開を２０２２年６月に決定しました。

７カ国の共同声明では、「レイキャビクの北極８カ国閣僚会合で承認された計画の遂行」

が謳《うた》われ、さらなる方策の検討についても言及されています。ただし、ロシア抜きで実行可能なプログラムには限界があることも確かでしょう。

実際、ロシアへの制裁により、欧米や日本の科学者、研究者たちはロシアでの調査ができず、限られた範囲での調査を余儀なくされていると報道されています。特にシベリアは、永久凍土の融解や地球温暖化問題を研究するうえで重要地点だとして、懸念の声が上がっています。

7カ国の間では、早期に次期議長国(2023年〜)ノルウェーへの移行やロシア抜きでの研究活動の模索が続く一方、ロシアはそうした対応を批判しています。北極域外での戦争や国家間対立が地域に大きな影響を与える、悪《あ》しき実例と言えるでしょう。

信頼醸成(CBM)——偶発的な事故を防ぐプログラム

偶発的な軍事衝突を防ぐとともに、国家間の信頼を醸成するとの見地から、軍事情報の公開や一定の軍事行動の規制、軍事交流などを進める努力、これは、一般的に信頼醸成措置(Confidence Building Measures:CBM)と呼ばれています(『防衛白書』)。

冷戦期の東西両陣営対立のなか、軍艦や航空機が情報収集のため近接する示威行動、プレゼンス作戦、あるいはいまで言うハラスメント的な行為が日常的に繰り返され、それに伴って軍艦や軍用機の衝突や墜落等の事故が絶えませんでした。それが現場だけで終わればよいのですが、まかり間違って核戦争にまでエスカレートしては大変な惨禍となります。そこで考えられたのが、ＣＢＭという措置です。

一定距離以上の接近はやめよう、大砲や射撃用のレーダーを相手に向けることはやめよう、大規模な演習をやるときには互いに通告しよう、お互いに透明性を高める努力をしよう、そのためにオブザーバーを派遣しよう等々です。

第2章で紹介した“Newport Manual on Arctic Security”という本、全体が3部構成なのですが、その第2部、全体の3分の1がＣＢＭの項目になっていて、軍事演習や作戦行動、オブザーバーの参加、共同での科学的調査、重要地域における軍事活動、地域的安全保障メカニズムの構成等が議論されています。

何度も触れてきたように、北極海は核戦力が常時パトロールするエリアです。アブナイと言えば危ない海域、そこでは偶発的な間違いをいかに少なくしておくか、お互いに猜疑心《さいぎしん》が深まる行為を少なくし、誤解や事故を防ぐことに腐心しているということでしょう。

では北極において、いかなるメカニズムがあるか、いくつか紹介したいと思います。

米ソ海上事故防止協定（ＩＮＣＳＥＡ）

北極海で睨《にら》み合っている両陣営間のＣＢＭの中で、まず最初に浮かぶのは冷戦期の一触即発状態の下、海軍間で締結された米ソ海上事故防止協定（Incidents at Sea Agreement：ＩＮＣＳＥＡ）でしょう。

１９６０年代後半、東西両陣営の軍艦、航空機の間でいくつかの事件がありました。１９６７年の日本海における米・ソ連駆逐艦の衝突事件（ウォーカー事件）、１９７０年の英空母アーク・ロイヤルとソ連駆逐艦の衝突事件、１９７０年９月のヨルダン危機ではレバノン沖に米ソ艦船が集結。艦艇はミサイルを装填し、ＦＣレーダーが航空機を照準、一触即発の事態に陥りました。偶発的な事故がきっかけで核戦争へ、という意図せざるエスカレーションは最も避けなければならない事態でした。

米国は、そのような事件がより深刻になることを防ぐための協議を提案し、両国での協議が重ねられました。１９７２年のニクソン大統領によるモスクワ訪問、ブレジネフ書記長との首脳会談、「ＳＡＬＴ Ｉ暫定協定」、「ＡＢＭ制限条約」締結といったデタントムードのなかで、米ソ海上事故防止協定（ＩＮＣＳＥＡ）が締結されました。

主要な内容としては、衝突回避の手順、相手陣形内へ入らないこと、一定の安全距離の維持、模擬攻撃の禁止、特別規約の国際信号の使用等です。偶発的なエスカレーション防止としての効果は大きなものがありました。

１９７３年、第４次中東戦争では地中海に米第６艦隊が出動、ソ連艦艇も約１００隻が展開しますが、深刻な事故は生起しませんでした。１９８３年の大韓航空機撃墜事件ではオホーツク海での日・米艦船による捜索、サルベージ作業中にソ連艦船による妨害活動が発生しましたが、その対抗策は外交交渉でなく、海軍代表間による本音の交渉で、ＩＮＣＳＥＡの手順で対処し、無難に解決したといわれています。

その後、１９８６年には英国とソ連、１９８８年には独ソ、１９８９年にはカナダとソ連、１９９０年にはドイツとポーランド間、冷戦終了後の１９９３年には日ロ間でそれぞれ、海上事故防止協定が締結されました。これらはどれも米ソの協定をひな型にしたものであり、事故防止の標準化、制度化ともいえるものでした。海軍軍人間で知識、意識が共有され、一つの制度として機能している信頼醸成の典型といえるものであり、北極海上空や海上での偶発事故防止に役立っています（石原敬浩「我が国の海洋戦略について──海上事故防止協定の国際制度化を中心として──」『波濤』）。

こういった信頼醸成やＩＮＣＳＥＡについて勉強したい方には、浅井一男「海上事故防止協定（ＩＮＣＳＥＡ）による信頼醸成」という論文がインターネットで読めるので、お薦めです。

北極サークル総会(The Arctic Circle Assembly)

イヌイット友愛党議員、アージャ・ケムニッツ・ラーセンの写真（図30）の背景が、北極サークル総会（The Arctic Circle Assembly）です。2013年にグリムソン・アイスランド前大統領が中心となり設立されたもので、毎年10月にレイキャビクで総会が開催されます。同サークルのホームページには、「毎年開催される北極の会合としては最大のもので、60カ国以上、2000人が参加した」とあります。

2022年の会合では、日本からは竹若敬三北極担当大使が参加しました。オープニング・セッションでは科学分野での日本の貢献事例として、2021年5月の第3回北極科学大臣会合の開催、北極域研究船の建造について紹介、「アジアからの視点」のセッションでアジアの脱炭素化の推進や海洋生物資源の保全に関する日本の試み、法の支配の重要性と自由で開かれたインド太平洋への取組について説明した、と報告されています（外務省ホームページ）。

他に専門家として、国立極地研究所の榎本先生が参加、その結果はArCS IIのホームページに記載されています。一部引用しますと、「発表や議論は、社会科学や政策に関するものがほとんどであり、自然科学に集中したものはわずかでしたが、それでも自然科学を駆動する社会的背景、自然科学活動の背景にある科学と外交や北極海のガバナンスに関わるトピックが見られました」そうです。

アイスランドは北極圏8カ国には入っていますが、沿岸5カ国には入っていません。NATOメンバーですが、独自の軍は持っていません。地理的にはGIUKギャップの中央です。地政学的重要性と実際の国力、北極サークルにおける影響力を勘案し、ソフトパワーの重要性を認識し創設されたもの、という感じがします。

2023年3月、笹川平和財団、北極サークル、日本財団の共催で、北極サークル日本フォーラムが東京で開催されました。「北極の未来におけるアジア」をテーマに、20カ国から100人以上の講演者が参加したそうです。笹川財団は1993年に北極海航路事業を始め、ロシア、ノルウェーの研究機関と共同で「国際北極海航路開発計画（INSROP）」や、INSROPに対応する日本独自の「北極海航路の利用促進と寒冷海域安全運航体制に関する調査研究（JANSROP）」を実施してきたそうです。

北極圏安全保障軍事会議（ASFR）

北極圏安全保障軍事会議（Arctic Security Forces Roundtable：ASFR）は、2010年に

ノルウェーと米国により設立された将官級の会合で、地域内軍間の相互理解を促進し、北極域における多国間安全保障協力を強化するために制定された軍対軍のフォーラムです。

参加国はカナダ、デンマーク、フィンランド、フランス、ドイツ、アイスランド、オランダ、ノルウェー、スウェーデン、イギリス、アメリカの11カ国。ASFRは、北極地域内のハードセキュリティ、軍事能力、およびセキュリティアーキテクチャについて議論する唯一の軍事フォーラムとされています。

北極沿岸警備隊フォーラム(ACGF)

北極沿岸警備隊フォーラム(The Arctic Coast Guard Forum:ACGF)は「独立した、非公式の、作戦主体の組織であり、条約に拘束されず、北極での安全確保、環境に主眼を置いた海洋活動を促進することを目的とする機構である。"informal, operationally-driven organization, not bound by treaty."」と説明されています。参加国はすべての北極圏諸国、カナダ、デンマーク、フィンランド、アイスランド、ノルウェー、ロシア、スウェーデン、アメリカです。

戦略目標としては、①北極海域における多国間協力・調整、既存および将来の多国間協定の強化、②域内の沿岸警備隊に関連する海事問題に対する共通の解決策模索、③情報共有を通じた北極評議会との協力、④北極域における安全・安心な海洋活動を促進し、持続可能な開発促進等の10項目が示されています。

一言で言えば、海の男の人命救助共同機関、多国間サンダーバードを目指す、といったイメージでしょうか。これは、ついつい排他的になりがちな他軍種（陸軍、空軍）との大きな違いでしょう。

ここで「え、沿岸警備隊って軍なんですか？」と思われた方もいるかもしれません。国によって立場は異なります。日本の海上保安庁は敗戦後の占領下に創設されたため、非軍事組織として定義され、今日まで来ています。一方、米軍では独立戦争の時代から軍事力として存在し、陸海空軍、海兵隊と合わせて５軍の一員となっています（ＡＣＧＦホームページ）。

第6章

日本と北極

最後の章ですが、ここで日本と北極の関わりについて、私なりに整理して説明したいと思います。

2015年から2020年にかけて、わが国の北極域研究の中核となるプロジェクトがありました。その名は北極域研究推進プロジェクト「アークス」（Arctic Challenge for Sustainability：ArCS）。北極域の気候変動の解明と環境変化、社会への影響を明らかにし、精度の高い将来予測や環境影響評価等を行うことを目的としたものでした。

国立極地研究所、海洋研究開発機構（Japan Agency for Marine-Earth Science and Technology：JAMSTEC）および北海道大学の3機関が中心となり、連携するプログラム、現在はその後継、北極域研究加速プロジェクト（Arctic Challenge for Sustainability II：ArCSII）が進行中、期間は2020年6月から2025年3月まで約4年半です。

どうもわが国で北極を研究する研究者・科学者は、雪や氷といった冷たい物に興味がある先生か、海流・海氷や海洋生物、氷海航行といった海に関心がある先生、北極に住む人々の生活や文化等に興味がある人、の3つのカテゴリーに分類できるのかもしれません。その結果、研究や教育の主体もこの3つの機関が中心となる、という感じでしょうか。で、バラバラにやっていたらモッタイナイ、ということで、北極の研究を加速させよう、というお話みたいです。

北極域研究共同推進拠点（J-ARC Net）というのもありました。これも上記3つの機関の連携ネットワーク型拠点で、北極域に関係する研究者コミュニティ支援事業並びに産学官連携推進事業として、公募による共同研究や人材育成講座「北極域科学概論」、ウィンタースクール、北極域オープンセミナーや国際シンポジウム等を実施していました。

実はこの私、「北極域科学概論」を修業し、「ウィンタースクール」にも参加したのでした。スクールはロシアのサハ共和国、シベリアのヤクーツク、それも極寒の2月開催です。目的は、北極の自然環境や文化・社会等を学ぶための講義と現地研修、現地学生等と議論するフォーラムでした。その募集要項が素晴らしく、「応募資格：日本の大学・研究機関に在籍する大学院生と若手研究者、行政や教育関係機関および民間企業で実務を担当する若手で……（若手の定義は自称若手とします）」というものでした。

応募当時私は年齢こそ50代でしたが、大学院の修士課程を出て10年未満、学問、研究の領域では駆け出しでしたので、思い切って申し込んだら無事に認められ、スクールに参加できました。

真冬のシベリア、日本で経験のない寒さ、北極での生活の厳しさをわずかなりとも体感できました。外気温は低い時でマイナス30－40度、よくある動画のように、お湯を撒《ま》くと霧になります。バナナを持参して釘《くぎ》を打つ動画を撮影すればよかったと、行ってから反省しました。

宿泊していたのは永久凍土の上の建物、すべて高床式のような建築で、床下の空間は資材置き場、そこに野良犬（大学内にハスキー犬）が住んでいたり。極寒の地でも規則により喫煙所は外、シャワー後に1本吸っていると、髪の毛も眉毛もバリバリになる寒気。本当に貴重な機会を与えていただき、改めて関係者の皆様に感謝申し上げます。

同室になったのが、同じく中年の市役所勤務のオジサン。でもこのオジサン、タダものではなく、博士の肩書を持ち、大学講師も務める片倉さん。そのご縁で、紋別で毎年実施される、北方圏国際シンポジウムにも参加するようになりました。実は、この本を書いているのもちょうど第37回北方圏国際シンポジウムと重なっており、最新の北極研究のお話を聞いて、頭の中で妄想したのが北極海でした。

驚くべきはこのシンポジウム、１９８６年に第1回が開催されて以来37回、紋別市で開催されています。冬こそ流氷、ガリンコ号で多少名前が知れていますが、北海道の地方の小さな「市」。そこで国際シンポジウムを継続されていることに、感動します。では、こういった北極と日本の関わりはどのように発展してきたのでしょうか。

日本と北極の歴史

日本と北極の歴史を簡単に振り返ってみたいと思います。ただ、本書の趣旨に関連する事柄を中心に語りますので、網羅的でないことはなにとぞご容赦ください。

戦前の日本人の北極探検、観測活動は限定的で、当時は日本領であった千島列島や樺太《からふと》での調査研究が中心でした。

現代的な意味での北極域における観測活動は、1941年夏の快鳳丸《かいほうまる》の航海であるとされています。農商務省水産局所属快鳳丸、元海軍のタンカーでしたが水産局に転籍、船首を二重構造にして強化し、船体を砕氷型としました。元々はタンカーということで航続距離が2万海里（3万7000㎞）と長大、遠洋の氷海を通過しての観測航海を意識した改造だったのでしょう。

1941年という年は非常に微妙なタイミング、緊張の時期です。欧州ではナチス・ドイツのポーランド侵攻（1939年）を契機とし、第二次世界大戦が始まっていました。フランスは1940年に降伏、英国は抗戦を継続中、しかし日本やアメリカ、ソ連はいまだ交戦国ではありませんでした。

1941年5月にはドイツの不沈戦艦ビスマルクがデンマーク海峡（グリーンランドとアイスランドの間）から大西洋に出るところで、英海軍艦艇・航空機と会敵、最新鋭戦艦プリンスオブウェールズを含む戦艦等と、数日にわたる交戦の後、撃沈されました。そんな時期に快鳳丸は、日本から北極海・シベリア沖を通過してヨーロッパへ向かい、ハンブルグ、ロンドン、ケープタウン、南氷洋、オーストラリアを経由して東京に帰着するという壮大な計画を立てたのでした。

欧州は世界大戦の真っ最中、日本は日独伊三国同盟の一員であり、日中戦争の真っ最中。対米開戦か和平か、厳しい日米交渉が続く開戦前夜、となれば当然船の行動は機密事項。それゆえ、記録はほとんど残っていなかったらしいのですが、快鳳丸に乗船していた2名の気象台職員がその航海の詳細を記録していました。その職員の一人が高橋修平所長のお父上ということで、その経緯をまとめた資料（高橋「武富船長の北極海北東航路への挑戦―戦前にあった日本の北東航路航海計画―」）をいただいて、この項を書いています。

武富栄一船長は、1941年の北極海航海計画前に4回の北氷洋航海（北緯66度23分以北の北極圏航海）を経験したそうです。

最初は1923年の白鳳丸による航海で、ベーリング海峡を通過しチュクチ海でトロール引き網を行い、ベーリング海峡では大陸間横断海洋観測を行いました。これは水産局の船として初めて北極圏へ進出した航海でした。2回目は1936年の航海、これは快鳳丸によるものでベーリング海峡を越えてチュクチ海で海洋観測、3回目は1937年、同じく快鳳丸による航海でウランゲル島に達し、海氷の縁辺に沿って西に進み東シベリア海コリマ川河口まで達したとされています。

ここら辺は、のちの武富船長の夢、東京～ヨーロッパ間の北東航路の４分の１に当たる地点です。船長はこの航海の最北点で「みはるかす氷のなかにわれの船 北の極地にあると知るかな」と和歌を詠んだそうです。４回目がアラスカ方面、ホープ岬まで。

これら４回の北極域航海の経験を踏まえ、いよいよ武富船長は５回目の北氷洋航海としてシベリア沖を通る北極海北東航路によって太平洋から大西洋への航海を行うこととなりました。先ほど述べたような複雑な世界情勢、日本と同盟ドイツを結ぶ航路として、インド洋、大西洋は英国海軍の支配下にあります。最短航路かつ警戒の薄そうな北極海航路の可能性を探る目的もあったのでしょう。

この航海に備え、快鳳丸には補強工事が加えられ、氷海航行のための見張り台、船室の防寒防湿装置などが設置され、増設された食料庫には、１年半分の白米２１３俵、しょうゆ54樽、みそ３６５貫、圧縮携帯食糧など百数十ｔが積み込まれ、氷海に１年間閉じ込められても大丈夫な準備をしていたといいます。

快鳳丸は１９４１年６月16日に東京を出港、函館経由でベーリング海を目指し、航行中に独ソ戦開戦の連絡が入ります。日本とソ連には中立条約がありましたが、日独は同盟関係にあります。７月１日になって海軍から待機を命令されます。７月20日、武富船長は航海の中止を決定、快鳳丸はベーリング海峡付近で観測航海を行ったのち、帰国の途についたのでした。観測航海が成功していれば、日本初の北極航路横断観測記録となっていたかと思うと、残念です。

11月末から天気図は軍事機密扱いとなり、ラジオによる天気予報も禁止となります。12月8日のハワイ真珠湾攻撃、マレー半島侵攻作戦開始、日本も第二次世界大戦の交戦国となります。この時から気象観測データの通報および放送が暗号化され公開が制限されます（古川武彦『気象庁物語』）。

その後、日本はおよそ3年半の激闘の末、1945年8月に敗戦、米国を中心とする連合国の占領状態となり、当然ながら極地観測なんていう研究は無理な相談でした。1951年のサンフランシスコ平和条約締結（1952年4月28日発効）により、独立を回復します。

科学調査で国際社会に復帰——国際地球観測年（IGY）への参加

国際地球観測年（International Geophysical Year：IGY）というものがありました。1957年から1958年にかけ、世界64カ国が参加して地球物理現象の共同観測を実施するというものでした。戦前には国際極年という、極地を対象とする国際観測事業が2回実施されていました。第1回は1882-1883年、第2回が1932-1933年です。

第二次世界大戦後、欧米で再び世界規模で国際極年を実施しようという検討が行われ、１９５１年に国際学術連合（ＩＣＳＵ、現在の国際科学会議）に国際地球観測年計画案が提案されます。

この時代は朝鮮戦争の勃発、東西冷戦激化という厳しい国際情勢です。当時の状況を、国立公文書館の「『独立』以後の日本―国際社会への復帰―」というページでは、以下のように簡潔にまとめています。

「復興が進む一方で、平和条約締結後にも日本の国際連合加盟はなかなか実現しませんでした。理由は、講和会議において、国交回復を果たしていなかったソ連などの反対によるものでした。しかし、昭和31年10月、鳩山一郎内閣が日ソ共同宣言を調印したことで、同年12月日本の国際連合加盟が認められました。こうして国際社会への本格復帰を果たした翌年、日本は国際地球観測年に参加しました。これは64ヶ国が参加して地球物理現象の共同観測を実施するもので、昭和32年7月から昭和33年12月まで、気象、地磁気、オーロラなど多岐にわたる観測を行いました。日本は、南極観測を含むほとんどの部門に参加し、昭和32年1月、第1次南極観測隊によって昭和基地が建設されました」

国連加盟とＩＧＹ参加、同程度のボリュームで記載されています。敗戦国日本が国連に加盟できた、世界的な科学調査に参加が認められた。当時の日本の喜びがコンパクトにまとめられた文章だと思います。私はこの頃に生まれました。小学校の教科書では国際地球観測年や南極観測の話がいろいろと載っていました（『南極物語』の映画はもう少し後の話）。当時は謙虚な姿勢で、国際社会へ復帰できた喜び、という思いが語られていた時代でした。

「グリーンランドと命のやりとり」中谷宇吉郎の業績

と長々と国際地球観測年の話をしてきたのは、北極観測でも大きな転機となったからです。戦後日本の北極に関する科学調査も、国際地球観測年からとされています。その魁《さきがけ》は、「雪は天から送られた手紙である」の名言で知られる北海道大学教授中谷宇吉郎《なかやうきちろう》だとされています。

中谷先生は１９５７年、米国の調査隊に加わりグリーンランドで雪氷の観測を実施し、その後も１９６０年まで４夏続けて参加しています。当時の観測基地、サイト２は北緯78度にあるのですが、そこへはまず飛行機でチューレの米空軍基地へ飛び、その先は雪上車が曳《ひ》く車で行く氷床上の旅、５昼夜かかったとされています。中谷先生の門下生たちも、北極周辺の各地での研究活動に参加しました。北極海を漂う氷島Ｔ－３（Ｔはレーダー・ターゲットの意）やアラスカのメンデンホール氷河での研究です。

中谷先生はその後も研究活動を継続されますが、最後にグリーンランドに行くとき、体の異常を意識していたそうです。その2年後、骨髄炎で死去されました。墓碑銘に、友人の茅《かや》誠司《せいじ》（元東大総長）は幾多の業績を称えて「グリーンランドと命のやりとりをしたように私には思われて残念でならない」と記されたそうです（『北極読本―歴史から自然科学、国際関係まで―』）。

日本人研究者としてグリーンランドの深い繋がりをつくった方、ということになるでしょうか。詳細な北極観測の歴史に関しては、国立極地研究所ホームページ、あるいは山内《やまのうち》恭《たかし》教授の「極域大気科学・気候科学研究の40余年を振り返って」という講演記録もインターネットで閲覧できます。

「エスキモーになった日本人」大島育雄の人生

1960年代に入ると、中谷宇吉郎先生のお弟子さんたちが引き続きアラスカや北極海での氷島観測、グリーンランドにおける氷床観測を継続します。また他の大学、明治大、東北大、名古屋大等の学術観測が行われました。そうしたなかで、日本大学隊のグリーンランド、スピッツベルゲン島での探検、登山活動が行われました。

１９７０－80年代の日本隊（北極点：日大隊１９７８年到達、植村直己１９７８年犬ぞり単独行）や和泉雅子（１９８５年途中断念、１９８９年到達）らの北極点到達の試みへと繋がります。これらの活動は科学的観測と異なるものですが、わが国の北極への関心を大いに高めることに繋がりました。私もワクワクしながらニュースを見ていた一人です。

日大隊の隊員だった大島育雄さんは、犬ぞり訓練のために訪れたグリーンランドで現地女性と結婚し、そのまま定住してしまいます。いまではお孫さんまでいる、エスキモー伝統猟師としての人生です。現在もお元気で、その姿はテレビでも紹介されています。詳しくは自伝『エスキモーになった日本人』、ＮＨＫ「極北に生きる親子三代イヌイットの日本人家族」（２０２２年12月放送）でご覧ください。波乱万丈の人生、植村さんとのエピソード等も、中年以上の冒険心旺盛《おうせい》な方々にはきっと思い出のあるお話が一杯だと思います。

実は私も今回、この本を書くにあたって再度読み直したのですが、植村さんと大島さん、同じエピソードでも立場が違った見方もあり、面白いものです。当時の日本の活気を感じます。

冷戦後の本格的な科学調査

ペレストロイカを掲げたソ連のゴルバチョフ書記長が就任し、１９８７年に北極開放に関するムルマンスク宣言がなされることにより、日本の北極研究が加速します。国際的にも北極研究が注目されるようになり、1990年に国際北極科学委員会（International Arctic Science Committee：IASC）が発足、日本も早い時期からの北極研究の実績が認められ、翌1991年には加盟します。

この頃にいくつかの研究機関単位としての活動が始まるのですが、この当時の状況を、日本の北極観測の歴史をまとめた山内恭先生は「この時代に特徴的なことは、文部省傘下のグループの動きと科学技術庁傘下の動きが別々になっており、両省庁のバラバラの縦割り行政（仲の悪さ）が大いに障害になり、現場は大いに苦労した」とストレートな表現で、日本の行政機構の連携の無さを表現しています。

その後、極地研での北極圏環境研究センターを設立、ノルウェー極地研究所の協力による1991年のスバールバル諸島・ニーオルスンにおける観測所の設置と、北極観測体制が整備されていきます。さらに温暖化の影響で北極海の海氷が減少、ロシアによる北極点下国旗設置（2007年）等で見られるように世界の注目が高まるなか、文部科学省主導のプロジェクト、グリーン・ネットワーク・オブ・エクセレンス（GRENE）事業「北極気候変動分野」が始まります。

それまでも国立極地研究所が実施主体となり北極温暖化のユーラシア大陸東岸、日本などへの影響が研究されてきましたが、GRENE北極プロジェクトにより分野を超えた交流が盛んになり、北極研究が進化します。さらに雪や氷、オーロラ研究といった自然科学分野の研究だけでなく他分野、人文・社会科学等も巻き込んだ先述の北極域研究推進プロジェクト（ArCS：2015－20）、北極域研究加速プロジェクト（ArCSⅡ：2020－25）に繋がる、という系譜になります（山内恭「極域気象研究の系譜と極域・寒冷域研究連絡会」）。

これらの活動の成果や研究、その他いろんな情報はそれぞれのプロジェクトごと、あるいは国立極地研究所のホームページで閲覧が可能となっています。一般の人向けの講演の案内もあるので、ここまで読み進んだ、北極に興味のある方にはオススメです。

きわめて大雑把に戦後日本の科学者や探検家の北極への関与を整理しました。21世紀になり、国家としての権益確保や実利を目的とした関与強化を進める国々と異なり、我国の先人たちは、純粋に科学的探究心や好奇心、冒険心に駆られて北極を目指す姿勢が強い点が大きな特徴だと思います。本当、日本の研究者の方々は偉い、と感心します。

国家としての北極政策

外務省は、2010年に省内横断的に北極問題に対応するため、「北極タスクフォース」を設置し、2013年3月には北極担当大使を任命しました。同年5月には北極評議会（A

Ｃ）オブザーバー国としての認定も受けました。
国土交通省も２０１２年、「北極海航路に関する省内検討会」を立ち上げ、気候変動の影響による北極海航路の利用の可能性について検討を進めています。こういった北極海に関する課題と対処を総合的かつ戦略的に進めるため、２０１３年には「北極海に係る諸課題に対する関係省庁連絡会議」を設置し、海洋政策本部を中心に関係省庁の情報共有と連携が進められています。

実は筆者も、この会議に「専門家」として意見を述べるチャンスをいただきました。現在建造中の北極域研究船に関するお話でした。

２０１５年、内閣府の総合海洋政策本部において初めて、包括的な北極政策が決定されました。やはり北極は海であり、海の問題として政策の基本がつくられている、ということでしょうか。詳細は、内閣府ホームページの「内閣府の政策→海洋政策→主な取組→北極政策」に記載されています。

ここでも、あくまで科学的な観測や国際協力の重要性が示されています。

日本と北極をつなぐ貴重な財産——植村直己とその後継者たち

日本と北極を結ぶ研究者や探検家は数多《あまた》おられますが、最も有名なのは五大陸の最高峰登頂に世界で初めて成功、前人未到の犬ぞりによる北極圏1万2000㎞走破等を成し遂げた植村直己さんではないでしょうか。

植村さんは1972年、グリーンランド最北の村シオラパルクでエスキモーと一緒に暮らしながら、現地の習慣や言葉を学び、極地での生活技術や犬ぞりの扱い方を習得していきます。

そのグリーンランドの滞在中、最初は子供たちと遊びながら言葉を学び、初めは吐き気を催していた生肉を美味と感じるまで、徹底して食生活を含め現地の生活に馴染み、現地夫婦の養子になるまで深い人間関係を築き上げる等、徐々に現地での生活習慣、風俗を身につけていきました。

こうした準備を重ねたうえ、1973年4月にグリーンランド北西岸3000㎞を単独犬ぞりで往復することに成功し、74年12月から76年5月にかけて、グリーンランドからカナダ、アラスカまで北極圏1万2000㎞を単独犬ぞりで走破します。さらに1978年には、日大隊と競争のようになりながら単独で北極点まで到達、「世界のウエムラ」と称されるようになりました（図32、神長幹雄「植村直己：時代を超えた不世出の冒険家」『ニッポンドットコム』2021年2月12日）。

また、その記録の中に何度も登場する「大島くん」という方も、グリーンランドを語ると

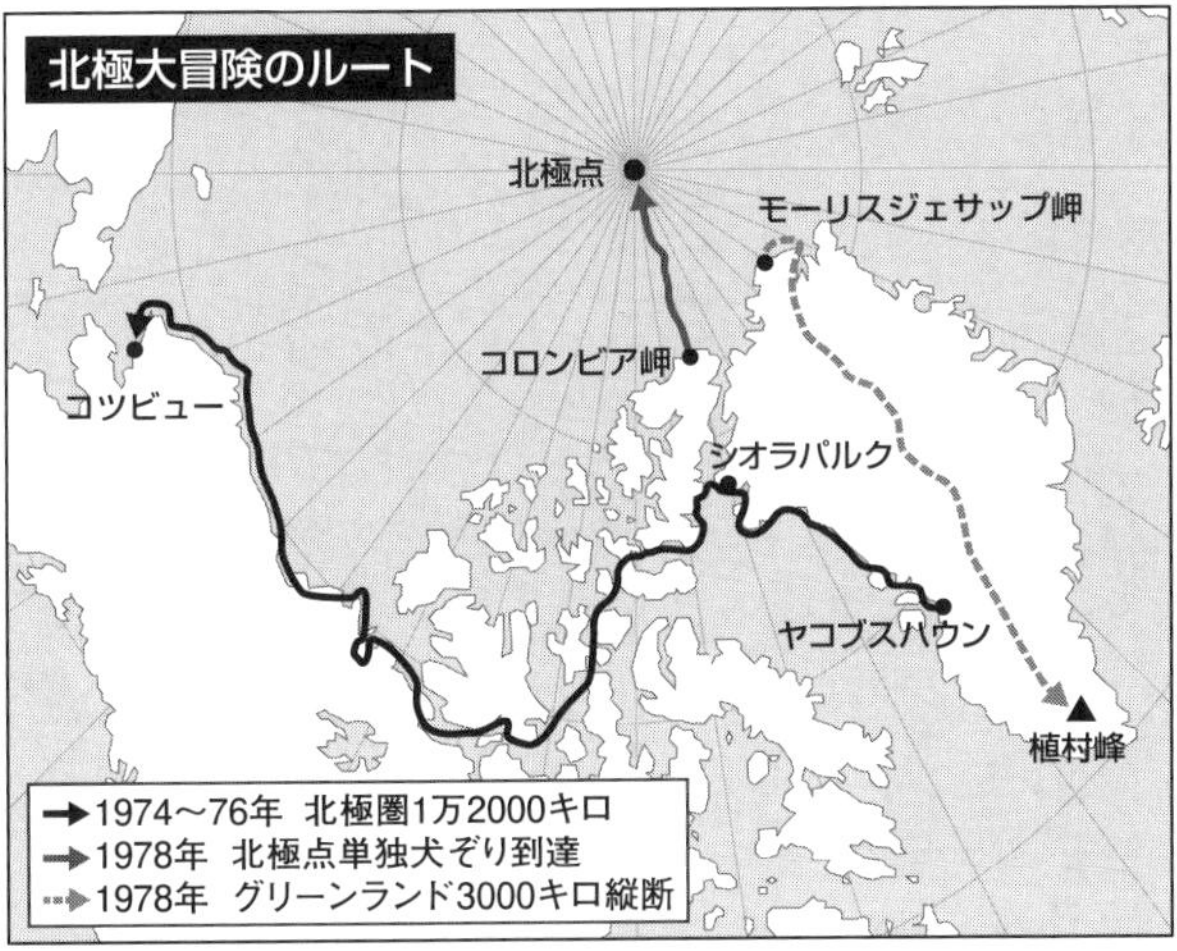

図32：植村直己の北極大冒険のルート
出所：神長幹雄「植村直己：時代を超えた不世出の冒険家」『nippon.com』2021年２月12日

きに忘れてはならない人だと思います。

ＮＨＫの番組等で何度も特集されている人なので、ご存じの方もいると思いますが、日本大学の探検チームとして訓練で訪れたグリーンランドに魅せられ、現地の女性と結婚し、定住、子どもは５人、お孫さんは13人という方です。

フルネームは大島育雄、植村さんのグリーンランドでの活動を記録した『極北に駆ける』新装版で使用されている本人の肩書は「在シオラパルク猟師」です（２０１０年）。その中で、グリーンランドでは温暖化の影響で植村さんが過去に行ったグリーンランド沿岸の３０００㎞犬ぞり行は、いまでは不可能になったことが述べられています。

一方、グリーンランドでは伝統の防寒服や

猟具を作れる人も減り、大島さんの元へはグリーンランド全土から犬ぞり用ムチや衣類を作ってという注文が絶えないそうで、毛皮の処理を教えに遠方まで出向くこともあるそうです。

グリーンランドでの日本の高評価に

2017年11月から始まった「一般社団法人アバンナット北極プロジェクト」というのがあります。これは山崎哲秀という日本の北極域観測調査および南極域観測調査にも携わってきた探検家が、2006年から取り組んできた「犬ぞりによるアバンナット北極圏環境調査プロジェクト」を発展させた活動です。

山崎さんはグリーンランド最北のシオラパルク村、そこは大島さんの活動拠点でもあるのですが、その村をベースに様々な活動をしている人です。少し長くなりますが、そのプロジェクトの説明を引用します。

「シオラパルクは、僕も30年ほど前からか北極活動のベースとしていますが、そのシオラパルクに、廃村の危機が囁《ささや》かれています。世界最北の先住民族の村、グリーンランド『シオラパルク』は、植村直己・大島育雄、お二人の先駆者が、日本人として初めて足を踏み入れ、日本人が北極に関わる歴史において、とても繋がりが深い村です。お二人の貢献により、グリーンランドでは（特にシオラパルクを中心としたグリーンランド北西部地方）、親日感情が他のどの国に対してよりも良好である、という事実はあまり日本では知られていません。また同一民族でありながらもこれまで、両国間の交流が乏しいことは、実に残念でなりません。アバンナット北極プロジェクトは、グリーンランド北西部地域と日本の地域とを友好都市・姉妹都市で結び、継続した国際・文化交流を通じて、シオラパルク村の存続を目指すことも一つの目標としています」（アバンナット北極プロジェクト・ホームページ）

ＮＨＫの番組でも、水害の影響で人口が減少した村の姿や、近隣の廃村が描かれていました。その番組の映像や植村さん、大島さんの記録や会話、さらには山崎さんはじめ現在のグリーンランドにおけるフィールドワークに従事されている研究者、探検家の方々、こういった人々の言説からは、現地の方々の日本に対する親しみや期待が感じられます。

北極冒険家の荻田泰永さんという方も、カナダ北極圏やグリーンランド、北極海を中心に主に単独徒歩による冒険行を実施した凄い人です。２０００年から２０１９年までの20年間に16回の北極行を経験し、北極圏各地をおよそ1万㎞以上移動しました。世界有数の北極冒険キャリアを持つ「北極冒険家」だそうです。日本極地研究振興会理事で、webマガジン『きょくさんぽ~北極・南極からの手紙~』の編集長もされてます。北極や南極に熱い思いを持つ若人の物語が満載で、ワクワクします。

前章までで述べたように、ロシアや中国、あるいは沿岸国は温暖化に伴う資源・航路開発に備えたアプローチを進めています。日本の強みは、そういった露骨な利権や権益確保でなく、科学的、あるいは探検家としての興味関心、好奇心に従っての行動、そういった考え方、発想の先にある、現地文化や多様性の尊重といった姿勢が、現地での好評価に繋がっているのではないでしょうか。

日本の切り札「北極域研究船」

海洋研究開発機構(JAMSTEC)のホームページに、北極域研究船プロジェクトのコーナーがあります。「2021年、日本初となる砕氷機能を有する研究船である『北極域研究船』の建造がスタートしました」という言葉から始まっています。待望の北極海での科学調査専用砕氷船で、2026年の完成に向けて建造工事が進められています。

北極域研究船推進部、招聘上席研究員の山口一教授は、

「これから造る北極域研究船は、海洋地球研究船『みらい』と同等以上の観測能力と砕氷能力を併せ持つ、日本初の本格的な砕氷観測船になります。……海氷の緩い時期には北極点まで行くことも可能ですし、北極海横断観測航海ができる能力があります。また、海氷の厳しい時期でも、北極海沿岸部での観測活動はできるでしょう。この北極域研究船は、世界中の海でほぼ季節の制約なく最先端の観測ができる画期的な船になると、確信しています」

と語っています（ＪＡＭＳＴＥＣホームページ「『北極域研究船』プロジェクトを率いる北極域研究船推進部メンバーからのメッセージ」）。

研究船は全長１２８ｍ、幅23ｍ、国際総ｔ数は約1万３０００ｔで、乗員は99人。厚さ１・２ｍの海氷を３kt《ノット》の速度で砕氷できる能力を持ち、ドローンや無人探査機、気象観測に使う「ドップラーレーダー」なども搭載予定だそうです。

世界レベルの観測が可能な設備と、安全かつ効率的な運航に資する先進的な氷海航行支援システムの搭載、安全確保、海氷等観測用のヘリコプターの運用機能、十分なラボスペース、優れたネットワーク等の世界レベルの研究・分析環境、国際プラットフォームとしてのユニバーサルな居住環境の実現、豪雨等による自然災害発生時の被災地支援対応等が船の特徴のようです。

北極での科学調査には専用船が不可欠です。日本にも、海洋地球研究船「みらい」という船があり、北極海でも海氷がない時期・海域での観測を実施していますが、砕氷能力がありません。

砕氷艦「しらせ」は南極観測の支援用です。海上自衛隊では「砕氷艦」ですが、一般的には「南極観測船」と呼ばれています。南極観測支援用の物資の輸送能力は優れていますが、観測能力はそれほどでもありませんし、南極支援で多忙です。

中国が3隻目の砕氷観測船を、米国が新たな砕氷船を建造、という話は先にしました。地球温暖化、それに伴う融氷の実態や原因を科学的に調査することは、人類の未来に不可欠な研究であり、それだけ各国が必要性を認識している観測だということです。

国際的な調査や研究をするときに、他国の船に便乗して研究するには限界があります。自前の観測船は不可欠であり、そこに各国の研究者も乗り込んで共同で研究する。何と素晴らしいことでしょうか。

本書の原稿を提出しようとした今日（2023年4月2日）、また新たなニュースです。「北極海観測G7連携……科技相会合 共同声明明記へ」という見出し。G7議長国として、5月に仙台で開かれる先進7カ国（G7）科学技術相会合の共同声明に、北極・南極といった極域での海洋観測を強化する方針を盛り込む方向で各国と調整に入った、特に北極海では「北極域研究船」を使い、収集データを各国と共有、国際的なプロジェクトを主導することを目指している、という内容です（『読売新聞』２０２３年4月2日）。完成前から期待の大きい「北極域研究船」、日本の切り札ですね。

海洋秩序の建設に参与するには大規模科学的基礎調査が不可欠

国際政治学者の高坂正堯《こうさかまさたか》は50年以上も前に、海が最後のフロンティアとして今後重要性を増すことを指摘し、日本が海洋秩序の建設に参与するためには大規模科学的基礎調査が不可欠であり、具体的提案として「世界の海については、国際協力を原則として、科学者が調査をおこなうこと」と述べています（「海洋国家日本の構想」『中央公論』１９６４年9月号）。

シーパワーというのは決して軍艦や貨物船だけで成り立つものではありません。こういった、科学的な調査船の充実や人材の育成、北極や深海のお話にワクワクする子供たち、国民の海への親しみ、そういった感覚の先に「海洋国家日本」の発展があるのだと思います。

おわりに

冷戦が終結し、グローバル・ガバナンスが唱えられ、国際協調が広まった時代、1990年代から2000年代初期には、気候変動は宇宙船地球号の問題と捉えられ、北極では国家間共同の調査や研究協力、先住民の伝統継承等が課題の中心として議論されてきました。

しかし、北極海は何度も言うように、上空・海中は核戦力が直接対峙する東西冷戦の最前線であり、ウクライナ戦争で再び緊張が高まるロシア・NATOの睨み合いの場所でもあります。

一般の科学者、研究者や冒険家が活動する地表、海面付近はホッキョクグマの保護活動や先住民の生活、環境保護が注目されますが、水中や空中ではハードな軍事的競争が継続する空間です。その厳しい現状を日本の多くの方々は理解していないのではないか、という焦りのような気持ちが北極研究を始めた当初はありました。

しかしいろいろ調べ、研究に従事されている先生方の、低予算、不十分な装備・支援、官僚組織の弊害に立ち向かいつつ研究を進める姿等々、苦労話の数々を聞くたび日本の研究者の方々、ホンマ偉い！　と思いました。

さらに、それとは別に好奇心から極地や僻地《へきち》にハマっていく探検家の皆様方、その好奇心、冒険心、素晴らしいものだと感じます。大航海時代や極地探検航海に乗り出して、見てやろう、知ってみたい、と飛び出した冒険家、航海者もきっと同じようなマインドセットなんでしょう。

日本と北極海、難しい関係ですが、国際協調主義、平和主義と非軍事アプローチは当然ながら相性がよいし、「探検家の夢」、その先、グリーンランドの廃村の危機を救うプロジェクトなんていうのも相性がよいと感じています。

安全保障だからといって、すべてが軍事ではないことは明らかです。2022年の国家安全保障戦略にも「地政学的競争、地球規模課題への対応等、対立と協力が複雑に絡み合う国際関係全体を俯瞰《ふかん》し、外交力・防衛力・経済力・技術力・情報力を含む総合的な国力を最大限活用して、国家の対応を高次のレベルで統合させる戦略が必要である」と述べられています。

また、「人間の安全保障の考え方の下、貧困削減、保健、気候変動、環境、人道支援等の地球規模課題の解決のための国際的な取組を主導する」と気候変動問題への積極的な関与姿勢、国際協調路線も示されています（「国家安全保障戦略」）。

日本はなぜ「太平洋の大英帝国」にならなかったのか

最初に書いたように、シンクタンクPHP総研と鹿島平和研究所が共催した地政学の勉強会で講演をしました。そのエッセンスが月刊誌『Voice』2023年2月号に掲載されました。タイトルは「『大人の海』としての北極海」です。核兵器搭載の爆撃機や戦略潜水艦がパトロールする空間。沿岸国がEEZや大陸棚開発で鎬を削る海、それを「大人の海」という言い方で表現したつもりです。

日本が子供だ、という気はありませんが、まあ、なんというかジャイアンが隣の番長と広場で争いをするような場面では、下手にちょっかいを出すのではなく、徹底したぶりっ子、というか優等生的発言で正論を語り、筋を通すカッコイイ役柄が似合うと思います。

わが国の北極へのアプローチは、まさにこの路線、国際協調、人間の安全保障重視の姿勢がよいのではないでしょうか。

ただし、わが国周辺やインド太平洋海域においては、当然ながら話は別。そこは世界的に見て、当然ながらわが国が責任を持って警戒・監視し、何かあれば対処すべき海域です。そこに即応できる体制／態勢の構築が不可欠でしょう。リアリズムの世界ですが、それは本書の趣旨と異なるので、また別の機会に。

「海洋国家」というのも大学での講義のネタです。元になった問題意識は、高坂正堯の「イギリスは海洋国であったが、日本は島国であった」というものです。視野を狭くし、国内に閉じこもっていてはダメだ、国際社会を意識し関与する努力が必要だ、というお話です。高坂先生は1960年代末の時点で、内向き志向になりつつある日本に警鐘を鳴らしました（「海洋国家日本の構想」）。

実は同じ疑問が、現代のマハンと称される米海軍のスタヴリディス提督からもなされています。「日本はなぜ『太平洋の大英帝国』にならなかったのか、地政学的には興味深い問いかけだ、イギリスと日本には地政学的類似点が多い」（スタヴリディス『海の地政学』）。

マハン先生は、大胆さや冒険心、通商適性、といった外に向かう国民性とそれを支持する政府の性格、これらをシーパワーに影響する要素とし、国家発展の背景にあると説明していました。さて、今の日本はいかがでしょうか。

ここまでお付き合いいただいた読者の皆さん、ありがとうございました。せっかくのご縁です。マハン先生や高坂先生の議論、七つの海、その向こうを意識してください。海洋国家日本、水平線の向こうには、きっと明るい未来があるはずですから。

謝辞

改めて、この本の出版に至るまでにご指導、資料提供、叱咤激励、様々な影響を与えていただいた方々にお礼を申し上げます。順不同、敬称適宜の何となくその時の肩書なり、呼び方で記述させていただきますが、本当、お世話になりました。ありがとうございました。

ＰＨＰ研究所ビジネス・教養出版部の白地利成さんのお声がけがなければ一冊の本にはなりませんでした、ありがとうございます。地政学／戦略学博士・奥山真司さん、元産経新聞論説副委員長・岡芳輝さん、お二人からほぼ同時に「本を書いたらどうですか」とのお言葉をいただきました。白地さんのお誘いに「はい」と便乗できたのは、お二人のお勧めがあったからだと思います。

北極研究の機会をいただいた、北極の世界の先生方、北極域課題解決人材育成講座「北極域科学概論」でお世話になった、田中雅人教授はじめ北極域研究共同推進拠点（J-ARC Net）の先生方、ウィンタースクールや笹川財団での研究会等でお世話になった先生、特に北川弘光先生や榎本浩之先生には、北極研究の入口で右往左往している時に温かいお言葉をいただきました。

紋別の高橋修平北海道立オホーツク流氷科学センター長には、北極に関する学術的な資料の提供、ご指導のみならず、北方圏国際シンポジウム（紋別）において雪や氷の世界での暮らし、研究の楽しさ、苦しさを直接、懇切丁寧にアルコール付でご教示いただきました。そのシンポジウムにお誘いいただいた、シベリア・ヤクーツクでの同室人、紋別市役所の片倉靖次さん（北海道大学大学院水産科学研究院客員准教授）。

国立極地研究所の山内恭情報図書室特任教授（名誉教授）には、資料の提供と励ましのお言葉もいただきました。原田大輔JOGMEC調査部調査課長にはシンポジウムでの質問に丁寧な回答をいただいたうえ、別途資料をいただきました。やはり、餅は餅屋という言葉を改めて感じるレポートです。勉強になりました。

JAMSTEC北極域研究船推進室招聘上席研究員、国立極地研究所の山口一教授、初めて紋別のシンポジウムで発表した時「紹介時の肩書は？」と聞かれ、「コマンダーでお願いします」に「初めての経験でした」と喜んで（？）いただいたのが印象的でした。

グリーンランドの基地問題に関し、北海学園大学高橋美野梨先生から多くの示唆をいただきました。同じく基地問題では東工大の川名先輩にも。

ロシアの戦略等に関しては防衛研究所の兵頭慎治先生、山添博史先生、東大の小泉悠先生、同期の木村君の、中国に関しては筑波大の毛利亜樹先生のお知恵を拝借しました。

40歳を過ぎて初めて真剣に学問に臨んだ気がします。青山学院大学国際政治経済学研究科国際政治学専攻、私の最終学歴です。その入学前から幹部学校部外講師としてご指導いただいた指導教官の山本吉宣、いまもサロンでご指導いただいている袴田茂樹、お優しい人柄に救われた高木誠一郎、押村高の各教授。入学時には入れ替わりになりましたが、いまでも勉強会でご指導いただいている渡邊昭夫先生。この方々に共通しているのは、ご高齢になっても頭の回転が鋭いということでしょうか。やはり筋肉だけではなく、脳ミソも鍛えられるものだと感じます。

海上自衛隊幹部学校の先輩、上司、同僚、学生の皆様方、名前を挙げるときりがなくなりますので、印象の大きい方、お付き合いの長い方々限定でご勘弁。中村、八木の両先輩、学問の世界への誘い、ありがとうございました。江川、小牟田、北川、能條、系列上の上司の皆様、面倒くさい先輩でゴメンナサイ。同僚で後輩のくせに最初から上から目線の後瀉くん、ホンマ叱咤激励いただきました。同室でお世話になった髙橋さん、IT難民の私を様々な面で支えてくれた帖佐、長谷川、米田の中堅トリオ、そして教務課チームの皆様方、お世話になりました。

最後になりますが、長年の海上・陸上勤務を支えてくれた家族に感謝します。

皆様、ありがとうございました。これからもよろしくお願いします。

参考文献

単行本

麻田貞雄編訳『マハン海上権力論集』講談社、2010年
アル・ゴア著、枝廣淳子訳『不都合な真実』実業之日本社、2017年
アルフレッド・T・マハン著、北村謙一訳『海上権力史論』原書房、1982年
稲垣治・柴田明穂編著『北極国際法秩序の展望』東信堂、2018年
植村直己『極北に駆ける』文藝春秋、2011年新装版（単行本は1974年）
植村直己『北極圏1万2000キロ』山と渓谷社、2014年
植村直己『北極点グリーンランド単独行』文藝春秋、1982年
大島育雄『エスキモーになった日本人』文藝春秋、1989年
小澤実、中丸禎子、高橋美野梨編『アイスランド・グリーンランド・北極を知るための65章』明石書店、2016年
稲垣治、柴田明穂『北極国際法秩序の展望―科学・環境・海洋』東信堂、2018年。
北川弘光他『北極海航路』シップ・アンド・オーシャン財団、2000年
小泉悠『現代ロシアの軍事戦略』ちくま新書、2021年
竹田いさみ『海の地政学』中央公論新社、2019年
森さやか『お天気ハンター、異常気象を追う』文藝春秋、2022年
日本海難防止協会『北極海航路ハンドブック』2015年
古川武彦『気象庁物語 天気予報から地震・津波・火山まで』中央公論新社、2015年
南極OB会編集委員会編『北極読本―歴史から自然科学、国際関係まで―』コラム、成山堂書店、2015年
Walter Berbrick、Gaelle Rivard Pich、Michael Zimmerman、Newport Manual on Arctic Security, Naval Inst Pr. 2022.
Ken Booth, Navies and Foreign Policy, Croom Helm Ltd, 1977.

Geoffrey Till, Seapower, a Guide for the Twenty-First Century, Routledge, 2013.
Taagholt, Jørgen, and Hansen, Jens Claus. 2001. Greenland: Security
Perspectives. Trans. Daniel Lufkin. Fairbanks, Alaska: Arctic Research
Consortium of the United States. http://www.arcus.org/files/page/documents/19807/greenland.pdf, page 44
Consortium of the United States

外国、政府、軍、シンクタンク等の報告書

Report of Congress Department of Defense Arctic Strategy, June 2019.
The Department of the Air Force Arctic Strategy, July 2020
United States Army? Regaining Arctic Dominance, January 2021.
A Blue Arctic, Department of the Navy, A Strategic Blueprint of the Arctic, January 2021.
Goodman, S., Guy, K., Maddo K., Hansen, V.V., Sending, O., and Nømeth-Winther, I. Edited by Femia F. and Sikorsky E. "Climate Change and Security in the Arctic." A product of The Center for Climate and Security (CCS), an Institute of the Council on Strategic Risks (CSR), and The Norwegian Institute of International Affairs (NUPI). January 2021. Climate Change and Security in the Arctic? The Center for Climate & Security (climateandsecurity.org)
James Black, Stephen Flanagan, Gene Germanovich, Ruth Harris, David A. Ochmanek, Marina Favaro, Katerina Galai, Emily Ryen Gloinso "Enhancing deterrence and defence on NATO's northern flank," 2020 RAND Corporation.2020.
https://www.regjeringen.no/contentassets/b6f5ea0d2d6248b4ae4131c554365e93/rand-rr-4381-enhancing-deterrence-and-defence-on-natos-northern-flank.pdf
"Climate Change and Security in the Arctic." A product of

The Center for Climate and Security, (CCS), an institute of the Council on Strategic Risks (CSR), and The Norwegian Institute of International Affairs (NUPI). January 2021.

Authors: Sherri Goodman, Kate Guy, Marisol Maddox (CCS); Vegard Valther Hansen, Ole Jacob Sending, Iselin Németh Winther (NUPI). Edited by Francesco Femia and Erin Sikorsky (CCS). January 2021.

National Snow and Ice Data Center (comp.). 1998, updated 2006. Submarine Upward Looking Sonar Ice Draft Profile Data and Statistics, Version 1. Boulder, Colorado USA. https://doi.org/10.7265/N54Q7RWK

Government of Iceland, The Ministry for Foreign Affairs, "Greenland and Iceland in the New Arctic, Recommendations of the Greenland Committee Appointed by the Minister for Foreign Affairs and International Development Co-operation," December 2020. https://www.government.is/library/01-Ministries/Ministry-for-Foreign-Affairs/PDF-skjol/Greenland-Iceland-rafraen20-01-21.pdf

Royal Navy, "New Arctic operations base for UK commandos," 08 March 2023. https://www.royalnavy.mod.uk/news-and-latest-activity/news/2023/march/08/230308-campvikingnorway

"How the Strategic Air Command Would Go to Nuclear War,"
https://nsarchive.gwu.edu/briefing-book/nuclear-vault/2019-02-25/how-strategic-air-command-would-go-nuclear-war

"01. U.S. Strategic Air Command, History Study #129, The SAC Alert System 1956-1970, 19 September 1973, Top Secret, excised copy."

The Arctic Coast Guard Forum (ACGF)https://www.arcticcoastguardforum.com/

"The Cold War: History of the Sound Surveillance System (SOSUS)," University of Rhode Island, https://dosits.org/people-and-sound/history-of-underwater-acoustics/the-cold-

war-history-of-the-sound-surveillance-system-sosus/

雑誌

「北極」『ナショナルジオグラフィック日本版』2019年９月号、日経ナショナルジオグラフィック社

笹川平和財団『北極海季報』（2009年～2013年）https://www.spf.org/oceans/archives02/

笹川平和財団『海洋安全保障季報』（2014年～）https://www.spf.org/oceans/quarterly/

論文、雑誌・新聞記事等

浅井一男「海上事故防止協定（INCSEA）による信頼醸成」『レファレンス』国立国会図書館調査及び立法考査局、2015年３月

石原敬浩「北極海と安全保障」『国際問題』国際問題研究所、2013年12月

石原敬浩「北極海における安全保障環境と多国間制度」『海幹校戦略研究』2014年６月

石原敬浩「大国間競争時代における北極海と中国」『海幹校戦略研究』2020年７月

石原敬浩「米国にとっての『航行の自由』（Freedom of Navigation）」『海幹校戦略研究』2016年11月

石原敬浩「わが国の海洋戦略について―海上事故防止協定（INCSEA）の国際制度化を中心として―」兵術同好会、『波濤』2010年11月号、通巻211号

岩田渉「国際法の観点から北極海の環境保全に関する研究　船舶起因汚染への対処を中心に」『北大法政ジャーナル』No.24、2017年

大西富士夫「北極国際政治における米中露の戦略的競争の展開とその影響」『ロシア東欧学会2020年度研究大会プロシーディングス』1-35ページ、2020年

島田浩二「我が国の北極海観測研究～その歴史と将来に向けて～」『極地』第46巻１号、平成22年３月、日本極地研究振興会、20-27ページ

参考文献

河野長「国際地球観測年（IGY）における日本の活動の意義と日本学術会議」『学術の動向』2009年
北川弘光「北極海と船舶航行」『国際問題』第627号、2013年12月
木村康張「『ロシア連邦海洋ドクトリン』２度目の改訂、海軍活動の世界的拡大を企図」実業之日本フォーラム、2022年９月15日
木村康張「ロシア『ボストーク2022演習』ウクライナ戦争の劣勢を否定も、西側諸国には逆効果」実業之日本フォーラム、2022年10月13日
小泉悠「ロシアにおける海洋法制―北極海における安全保障政策に着目して―」『外国の立法』259、国立国会図書館調査及び立法考査局、2014年３月
小泉悠「急速に北極の防衛強化を進めるロシア　あくまでも「既存の兵力の更新」を主張」『WedgeOnline』2014年12月19日
小泉悠「北極におけるロシア包囲網」という被害妄想？　軍事化急ぐ口実に」『Wedge Online』2014年7月25日
高坂正堯「海洋国家日本の構想」『中央公論』1964年９月号
小山佳枝「北極海における航行制度の展開」『総合政策フォーラム』第10号、中京大学、2015年
小檜山智之「オバマ政権のリバランス政策―「未完」に終わったアジア太平洋戦略―」『立法と調査』参議院常任委員会調査室・特別調査室、2018. 8.No. 403.
高橋修平（北海道立オホーツク流氷科学センター）、「科学館探訪　北海道立オホーツク流氷科学センター―流氷から極地まで―」『極地』第57巻第２号、2021年
高橋修平「北極探検の足跡と極地観光―北極への飽くなき挑戦―」『極地』第54巻第２号、2018年
高橋修平、永延幹男「武富船長の北極海への挑戦―戦前にあった日本の北東航路航海計画―」POLAR NEWS Vol. 52 No. 2、2016年
高橋美野梨「基地政治とデンマーク」『国際安全保障』第47巻第３号、2019年12月

高橋美野梨「ミサイル防衛とグリーンランド―「チューレ問題」から「イガリク協定」締結へ」『地域研究』2010年、171-197ページ
高橋美野梨「政治的取引財としてのチューレ空軍基地：デンマーク国内交渉を中心にして」川名晋史編『共振する国際政治学と地域研究：基地・紛争・秩序』勁草書房、2019年
寺林祐介、「中央北極海無規制公海漁業防止協定」「『立法と調査』2019. 4 No. 411（参議院常任委員会調査室・特別調査室）
中谷和弘「ペルシャ湾、カスピ海、北極海－閉鎖性の「海」について」『Ocean Newsletter』 第225号、2009年、https://www.spf.org/opri/newsletter/225_2.html
國分征「北極域のオーラロ観測」『アークトス』2020年5月。https://drive.google.com/file/d/1D_y1w5R2FYWccDKhYHtpxeBfkvROH5ph/view
袴田茂樹「プーチン大統領の思考とは『ロシア人に友人はいないし、友人も同盟国も必要ない』」『日刊ゲンダイデジタル』2022年3月17日
兵頭慎治「ロシアの北極政策」『防衛研究所紀要』第16巻第1号、2013年
兵頭慎治、神田英宣「北極問題に対する諸外国の取り組み―安全保障上のインプリケーション―」『防衛研究所紀要』第17巻第2号（2015年2月）
堀内賢志「ロシア・ノルウェーが大陸棚海域の画定・協力条約に調印」『外国の立法』2010年11月号、国立国会図書館調査及び立法考査局
西谷斉「北西航路の国際法上の地位」『近畿大學法學』第54巻第4号、近畿大学法学会、2007年
西元宏治「北極海のガバナンスとその課題」『国際問題』国際問題研究所、2013年12月
西本健太郎「北極航路における沿岸国規制と国際海峡制度」坂元茂樹編『国際海峡』東信堂、2015年
西本健太郎「国際海事機関を通じた国連海洋法条約体制の発展」『国際問題』2015年
毛利亜樹「『韜光養晦』の終わり―東アジア海洋における中国

の対外行動をめぐって―」『東亜』No. 521、2010年11月
本村眞澄「ロシア北極海の資源ポテンシャルとシュトックマン・ガス田の開発」『石油・天然ガスレビュー』2007年
棲田大造「カナダはなぜ、NORADを設立したのか」『国際安全保障』2013年３月
山内恭「極域気象研究の系譜と極域・寒冷域研究連絡会」『天気』日本気象学会、2016年３月
山内恭「極域大気科学・気候科学研究の40余年を振り返って―2021年度藤原賞受賞記念講演」『天気』日本気象学会、2021年12月
「領有権争いの北極圏、境界線入りの地図を作成 英ダラム大学」ＡＦＰＢＢニュース、2008年８月７日
神長幹雄「植村直己：時代を超えた不世出の冒険家」『nippon.com』2021年２月12日、https://www.nippon.com/ja/japan-topics/b07215/
webマガジン『きょくさんぽ〜北極・南極からの手紙〜』
シリーズ「極地からのメッセージ」第１回「グリーンランド極北域およびカナダ極北域における、観測拠点設営の提唱」犬ぞり北極探検家 山崎哲秀
シリーズ「極地からのメッセージ」第２回「地球最北の犬ぞり猟に同行して」朝日新聞特別報道部記者 中山由美
シリーズ「極地からのメッセージ」第３回「北極点無補給単独徒歩に挑む」北極冒険家 荻田泰永ほか
「シオラパルクという村」『連続インタビュー 挑む人たち。角幡唯介さん』
北極冒険家 荻田泰永Polar explorer Yasu Ogita、https://www.ogita-exp.com/profile-1/
渡邉興亜、岩坂泰信「ニーオルスン基地開設の背景」『アークトス』55号、2019年10月26日、https://sites.google.com/view/arctic-club/arktos?authuser=0
渡邉興亜、岩坂泰信『北極ニーオルスン基地開設25周年と将来展望』2017年３月、https://www.nipr.ac.jp/aerc/document/Ny-Alesund-25th3.pdf
「北極めぐる争奪戦 ロシアが海中に国旗、カナダは軍事演習で

対抗『主権を行使せよ』『Asahi Shinbun GLOBE+』更新日：2022.03.18 公開日：2008.10.06、https://globe.asahi.com/article/14572021
「エスキモーになった日本人 最後の猟に同行」AERAdot.、https://dot.asahi.com/aera/2015102900070.html?page=1
「国家安全保障戦略」令和４年12月16日、国家安全保障会議・閣議決定
「北極海をめぐる動向」『防衛白書』令和４年版、https://www.mod.go.jp/j/publication/wp/wp2022/html/n140503000.html
外務省ホームページ、トップページ〉会見・発表・広報〉広報・パンフレット・刊行物 〉わかる！国際情勢〉Vol. 107 北極～可能性と課題のもたらす未来
https://www.mofa.go.jp/mofaj/press/pr/wakaru/topics/vol107/index.html
外務省資料：国連海洋法条約と日本（PDF）https://www.mofa.go.jp/mofaj/gaiko/kaiyo/law.html
外務省 HP「海洋の国際法秩序と国連海洋法条約」
トップページ〉外交政策〉日本の安全保障と国際社会の平和と安定〉海上の安全保障〉海洋の国際法秩序と国連海洋法条約
https://www.mofa.go.jp/mofaj/gaiko/kaiyo/law.html
国土交通省『北極海航路の利活用推進』
https://www.mlit.go.jp/sogoseisaku/ocean_policy/sosei_ocean_tk_000021.html
国土交通省『北極海航路の概要』2022.4.6.
国土交通省、北極海航路に係る産学官連携協議会、https://www.mlit.go.jp/sogoseisaku/ocean_policy/sosei_ocean_tk_000021.html
国土交通省「北極海航路の利用動向について」、2022.04.06訂正
https://www.mlit.go.jp/sogoseisaku/ocean_policy/content/001476544.pdf
北極域研究推進プロジェクト（ArCS)、https://www.nipr.ac.jp/arcs/
「平成27年度 北極域研究推進プロジェクト（ArCS）成果報告

書（全体概要）」
ArCS II 北極域研究加速プロジェクト、https://www.nipr.ac.jp/arcs2/
『北極基礎市民講座』北極域研究共同推進拠点 (J-ARC Net) https://j-arcnet.arc.hokudai.ac.jp/public_lecture/
国立極地研究所「北極海の夏の海氷が激減したメカニズムを解明―黒い開水面が吸収する日射の効果―」2017年８月29日 https://www.nipr.ac.jp/info/notice/20170829.html
水産庁ホームページ
https://www.jfa.maff.go.jp/j/kikaku/wpaper/r01_h/trend/1/t1_3_4.html
亀山康子「【温室効果ガス削減】気候変動は安保のリスク…東京大教授 亀山康子氏」『読売新聞』2023年3月5日。
木本協司「『氷河期が来る』と騒がれた1960-1980年の寒冷期は異常気象頻発」国際環境経済研究所、2021年６月７日 https://ieei.or.jp/2021/06/expl210607/
本村眞澄「北極圏の石油・ガス資源開発はなぜ必要なのか？」『北極ロシア資源開発』Japan Arctic Research Network Center [J-ARC Net] https://j-arcnet.arc.hokudai.ac.jp/public_lecture/lecture_4_1/
本村眞澄「ロシア北極圏の石油・ガス開発の現状」『土木学会論文集 B3（海洋開発）』Vol. 73、No. 2　1.31-1.35、2017
本村眞澄「ヤマル LNG の始動とロシア北極圏の石油・ガス開発」独立行政法人 石油天然ガス・金属鉱物資源機構、https://oilgas-info.jogmec.go.jp/_res/projects/default_project/_page_/001/007/442/20180215_motomura.pdf
原田大輔「『前例なき』対露制裁：これまでの経緯、注目される事象とその影響」『石油 天然ガスレビュー』、石油・天然ガスレビュー Vol.57 No.1 2023年1月号
「原油制裁で露経済は弱体化 JOGMEC 原田大輔調査課長」『産経新聞』2023年２月21日
兵頭慎治、神田英宣「北極問題に対する諸外国の取り組み―安全保障上のインプリケーション―」『防衛研究所紀要』第17巻第２号、2015年

笹川平和財団ホームページ「北極の未来におけるアジア」をテーマに、北極サークル日本フォーラムを共催、気候変動問題の解決にはアジア諸国の関与が必要」2023.03.27
山口信治「中国の北極白書：第三のシルクロード構想と中ロ協調の可能性」『NIDS コメンタリー』、第69号2018年２月21日、http://www.nids.mod.go.jp/publication/commentary/pdf/commentary069.pdf
山田寛「米 vs 中露 北極圏対決も本格化へ」『山田寛の国際レーダー』2023年３月１日、https://vpoint.jp/opnion/kokusai_radar-column/223144.html
国立公文書館「国際地球観測年における南極地域への参加について」、https://www.archives.go.jp/exhibition/digital/high-growth/contents/05/index.html
北海道立オホーツク流氷科学センター、http://www.giza-ryuhyo.com/
オホーツク流氷科学センター「所長の部屋」、http://giza-ryuhyo.com/shochonoheya/1goaisatu/goaisatuPDF.pdf
「砕氷 LNG 船が日本に初入港～ロシア「最果ての地（ヤマル）」から北極海航路を経て日本へ～」商船三井プレスリリース、2020年7月27日、https://www.mol.co.jp/pr/2020/20042.html
ロシア・ヤマル LNG プロジェクト向け砕氷 LNG 船 “VLADIMIR RUSANOV” が積地サベッタ港で初荷役を実施～世界初の砕氷 LNG 船プロジェクト 当社第一船のオペレーションを開始～」商船三井プレスリリース、2018年03月29日。https://www.mol.co.jp/pr/2018/18022.html
「ロシア、北極圏で軍備増強継続 北方艦隊や権益死守――多国間協力は『凍結』・ウクライナ侵攻１年」『時事ドットコム』2023年２月27日、https://www.jiji.com/jc/article?k=2023022600228&g=int
「北極圏に対する野望」『インド太平洋フォーラム』米インド太平洋軍
榎本浩之「2022年北極サークル総会 参加報告」北極域研究加速プロジェクト ArCS II、https://www.nipr.ac.jp/arcs2/dispatch/2022-12-19-1/

月刊PANZER編集部「砕氷艦『しらせ』南極へ 搭載する極地仕様の乗りものとは ヘリや雪上車…犬ぞりは？」『乗りものニュース』2019年11月20日、https://trafficnews.jp/post/91332
エリザベス・ブラウ「不自然に多い、中国漁船の『うっかりケーブル切断』事故の謎」『ニューズウィーク日本版』2023年2月28日
ジェイソン・レモン「グリーンランドの地下資源と北極圏の軍事拠点を狙う中国」『ニューズウィーク日本版』2018年9月11日
Atle Staalesen, "New radars to protect Northern Fleet against supersonic attack," The Barents Observer, February 10, 2020.
CRS Report, "Changes in the Arctic: Background and Issues for Congress," Updated March 24, 2022.
Colin Wall and Njord Wegge, "The Russian Arctic Threat: Consequences of the Ukraine War," CSIS Brief, January 25, 2023. https://www.csis.org/analysis/russian-arctic-threat-consequences-ukraine-war

米北極戦略

National Strategy for the Arctic Region, October 2022.
Implementation Plan for the National Strategy for the Arctic Region, January 2014.
The White House. Executive Order 13689, Enhancing Coordination of National Efforts in the Arctic, January 2015.
Brian Spegele and Sha Hua,「中国の米ガス購入ほぼ停止、激変するエネ貿易」The Wall Street Journal日本語版、2022年6月24日、https://jp.wsj.com/articles/u-s-gas-sales-to-china-dry-up-as-ukraine-war-disrupts-energy-trade-11656006145
"The GIUK Gap's strategic significance," IISS, October 2019
Home〉Publications〉Strategic Comments〉https://www.iiss.org/publications/strategic-comments/2019/the-giuk-gaps-strategic-significance

Henry Fountain, The New York Times, Aug. 11, 2022 "Arctic Warming Is Happening Faster Than Described, Analysis Shows" https://www.nytimes.com/2022/08/11/climate/arctic-global-warming.html

John Friberg "Iceland and the GIUK Gap: NATO member, small country, big role," SOFREP, Jul 6, 2016. https://sofrep.com/news/giuk-iceland/

CRS Report, "Changes in the Arctic: Background and Issues for Congress," Updated March 24, 2022, Congressional Research Service, https://crsreports.congress.gov, R41153

Helene Cooper, "In a First, Chinese Navy Sails Off Alaska, " The New York Times, SEPT. 2, 2015.

Jeremy Page, Gordon Lubold, "Five Chinese Navy Ships Are Operating in Bering Sea off Alaska," The Wall Street Journal, Sept. 2, 2015.

https://www.wsj.com/articles/pentagon-watches-as-chinese-navy-ships-sail-in-bering-sea-1441216258?mod=rss_asia_whats_news

Jeremy Page "Chinese Navy Ships Came Within 12 Nautical Miles of U.S. Coast." The Wall Street Journal, Sept. 4, 2015

William Branigin, "China sends warships into Bering Sea as Obama concludes Alaska visit," The Washington Post. September 3, 2015.

The White House, Office of the Press Secretary, "Remarks by the President at the GLACIER Conference -- Anchorage, AK," August 31, 2015.

Michael R. Pompeo, Secretary of State, Speech "Looking North: Sharpening America's Arctic Focus," U.S. Department of State, May 6, 2019.

Trine Jonassen, "Greenland Wants to Take the Lead: "We Have to Pick the Right Friends,"High North News, Nov 26 2021. https://www.highnorthnews.com/en/greenland-wants-take-lead-we-have-pick-right-friends

Arctic Today, Greenland independence 特集
https://www.arctictoday.com/tag/greenland-independence/
"U.S. Strategic Air Command, History Study #129, The SAC Alert System 1956-1970, 19 September 1973, Top Secret, excised copy," Alerts, Crises, and DEFCONs, Mar 17, 2021, National Security Archive, The George Washington University.https://nsarchive.gwu.edu/document/21074-doc-1-thesacalertsystem1956-197
Gloria Dickie, "Loss of Arctic summer sea ice 'inevitable' within 30 years, report says," Reuters, November 8, 2022.
Christian BUEGER, Tobias LIEBETRAU, Jonas FRANKEN, "Security threats to undersea communications cables and infrastructure? consequences for the EU," European Parliament, IN-DEPTH ANALYSIS Requested by the SEDE sub-committee, June 2022.
"Warning shots fired as Russia detains Greenpeace activists at Arctic oil rig," RT World News, 18 Sep, 2013, https://www.rt.com/news/greenpeace-arctic-platform-shots-034/
「米軍、冷戦期に行方不明の核兵器をグリーンランドに遺棄 英BBC」AFP BB News、2008年11月12日、https://www.afpbb.com/articles/-/2537884?pid=3516641
"Broken Arrow 1968 Thule Air Base B-52 crash" 動画サイトYouTube、Allec Joshua Ibay、2020/10/16、https://www.youtube.com/watch?v=rZjCCZrYUz4&t=2s
Kevin D. Stringer, "The Arctic Domain: A Niche for Joint SOF." JFQ 78, 3rd Quarter 2015. jfq-78_24-31_Stringer.pdf (ndu.edu)
Malte Humpert, "Control Over Arctic Ocean Top Priority Of New Russian Naval Doctrine," High North News, Aug 04 2022. https://www.highnorthnews.com/en/control-over-arctic-ocean-top-priority-new-russian-naval-doctrine
Malte Humpert, "From Ukraine to the Arctic: Russia's Capabilities in the Region and the War's Impact on the North," High North News, Sep 22 2022 . https://www.

highnorthnews.com/en/ukraine-arctic-russias-capabilities-region-and-wars-impact-north
Malte Humpert, "Russian Paratroopers Perform First-Ever High Altitude Jump Over Arctic," High North News, Apr 27 2020.
Sam LaGrone, "U.S. Fleet Created to Counter Russian Subs Now Fully Operational," USNI NEWS, December 31, 2019.
Jacob Gronholt-Pedersen and Gwladys Fouche, Graphics by Vijdan Mohammad Kawoosa, "Dark Arctic, NATO allies wake up to Russian supremacy in the region," Reuters, Nov. 16, 2022.
Martin Breum, "Russia gets approval for the data behind much of its Arctic Ocean seabed claim,　But the approving recommendations from a UN Commission doesn't settle overlapping claims between Russia, Canada and Denmark/Greenland." Arctic Today, February 17, 2023. https://www.arctictoday.com/russia-gets-approval-for-the-data-behind-much-of-its-arctic-ocean-seabed-claim/
Royal Navy, "New Arctic operations base for UK commandos," 08 March 2023. https://www.royalnavy.mod.uk/news-and-latest-activity/news/2023/march/08/230308-campvikingnorway
Tim Ellis, "Exercise near Deadhorse to test paratroopers' ability to operate in cold," Alaska Public Media, February 21, 2017.
Bryant Harris, "White House Arctic strategy calls for enhanced military presence," Defense News, Oct 8 2022.
Jacob Gronholt-Pedersen," Denmark accuses Russia, China, Iran of espionage threat," Reuters, January 13, 2022.
ロイター「焦点：暗転する北極圏 軍事的優位に立つロシア、追うNATO」2022年11月24日、https://jp.reuters.com/article/arctic-security-idJPKBN2SE01Y
「北極圏の無人島領有権巡る『ウイスキー戦争』が終結」『ナショナルジオグラフィック』転載、『日本経済新聞』2022年7

月６日
OSINFO「米海軍の海洋音響監視」2021-12-30、https://orca-oruka.hatenablog.com/entry/2021/12/30/134208
Ryan Burke and Adrienne Hopper, "Fear, Honor, and Interest in the Arctic: The Case for Realism and Transactional Balancing," Modern War Institute, 12.21.2022.
https://mwi.usma.edu/fear-honor-and-interest-in-the-arctic-the-case-for-realism-and-transactional-balancing/?fbclid=IwAR3hHoSvT8lvV6Q4F7xCKrQCORfUxOz72Mpsa3arZ7BfmJfJRJVy5o8eOjA
Hedrick, Lance A. "Examining China's Polar Silk Road." Master's thesis, Naval Postgraduate School, 2020.
Examining China's Polar Silk Road (nps.edu).
Captain Aric A. Ramsey, U.S. Marine Corps, "Trident Juncture 2018: Lessons for the North Atlantic," Proceedings, Vol. 145/3/1,393 March 2019.
P. Whitney Lackenbauer & Rasmus Leander Nielsen, "Close, like-minded partners committed to democratic principles" : Settling the Hans Island/Tartupaluk Territorial Dispute," Arctic Yearbook 2022. https://arcticyearbook.com/images/yearbook/2022/Briefing-Notes/3BN_-_AY2022_Lackenbauer_Nielsen.pdf
Captain Brian Taddiken, U.S. Navy and Lieutenant Kirsten Krock, U.S. Navy.
"66 Years of Undersea Surveillance," Naval History Magazine Volume 35, Number 1, February 2021.
David N. Griffiths," Catalyst for Confidence: 25 Years of INCSEA",
J. Vitor Tossini, "The GIUK gap? The chokepoint in Britain's backyard,"
UK Defence Journal, January 21, 2023.

Bird, Kenneth J., Charpentier, Ronald R., Gautier, Donald L., Houseknecht, David W., Klett, Timothy R., Pitman, Janet K.,

Moore, Thomas E., Schenk, Christopher J., Tennyson, Marilyn E. and Wandrey, Craig J., 2008, Circum-Arctic resource appraisal; estimates of undiscovered oil and gas north of the Arctic Circle: U.S. Geological Survey Fact Sheet 2008-3049, 4p.
[http://pubs.usgs.gov/fs/2008/3049/].

Andrey A. Todorov, "The Russia-USA legal dispute over the straits of the Northern Sea Route and similar case of the Northwest Passage," Arctic and North. 2017. No. 29.

Michael Lipin, "China Begins to Revive Arctic Scientific Ground Projects After Setbacks," China News, Voice of America (VOA),December 05, 2022. https://www.voanews.com/a/china-begins-to-revive-arctic-scientific-ground-projects-after-setbacks-/6860756.html

TV番組等動画

NHK スペシャル 日本人イヌイット 北極圏に生きる」2011年 8月28日

NHK BS1「極北に生きる親子三代 イヌイットの日本人家族」2022年12月18日

"Inside Russia's Arctic military base-BBC News," 2021/05/23.
https://www.youtube.com/watch?v=Rz3WcZjcZgE

"Why Russia is Building an Arctic Silk Road," 2022/01/19, The B1M.
https://www.youtube.com/watch?v=pvy9usF7ohE

"The race for the Arctic is ramping up. Here's why." DW Planet A, 2022/11/26.
https://www.youtube.com/watch?v=hvRzWzQW2go&t=84s

PHP新書

PHP INTERFACE
https://www.php.co.jp/

石原敬浩［いしはら・たかひろ］

海上自衛隊幹部学校教官・2等海佐。1959年、大阪生まれ。防衛大学校（機械工学［船舶］）卒業、米海軍大学幕僚課程、青山学院大学大学院修士課程修了（国際政治学）。護衛艦ゆうばり航海長、護衛艦たかつき水雷長、護衛艦あまぎり砲雷長兼副長、練習艦あおくも艦長、第1護衛隊群司令部訓練幕僚、海上幕僚監部広報室などを経て、現職。慶應義塾大学非常勤講師。

北極海 世界争奪戦が始まった

（PHP新書 1354）

二〇二三年五月二十九日 第一版第一刷

著者――石原敬浩
発行者――永田貴之
発行所――株式会社PHP研究所
東京本部――〒135-8137 江東区豊洲5-6-52
ビジネス・教養出版部 ☎03-3520-9615（編集）
普及部 ☎03-3520-9630（販売）
京都本部――〒601-8411 京都市南区西九条北ノ内町11
組版
制作協力――株式会社PHPエディターズ・グループ
装幀者――芦澤泰偉＋明石すみれ
印刷所
製本所――大日本印刷株式会社

ISBN978-4-569-85473-1

ＰＨＰ新書刊行にあたって

「繁栄を通じて平和と幸福を」（PEACE and HAPPINESS through PROSPERITY）の願いのもと、ＰＨＰ研究所が創設されて今年で五十周年を迎えます。その歩みは、日本人が先の戦争を乗り越え、並々ならぬ努力を続けて、今日の繁栄を築き上げてきた軌跡に重なります。

しかし、平和で豊かな生活を手にした現在、多くの日本人は、自分が何のために生きているのか、どのように生きていきたいのかを、見失いつつあるように思われます。そして、その間にも、日本国内や世界のみならず地球規模での大きな変化が日々生起し、解決すべき問題となって私たちのもとに押し寄せてきます。

このような時代に人生の確かな価値を見出し、生きる喜びに満ちあふれた社会を実現するために、いま何が求められているのでしょうか。それは、先達が培ってきた知恵を紡ぎ直すこと、その上で自分たち一人一人がおかれた現実と進むべき未来について丹念に考えていくこと以外にはありません。

その営みは、単なる知識に終わらない深い思索へ、そしてよく生きるための哲学への旅でもあります。弊所が創設五十周年を迎えましたのを機に、ＰＨＰ新書を創刊し、この新たな旅を読者と共に歩んでいきたいと思っています。多くの読者の共感と支援を心よりお願いいたします。

一九九六年十月

ＰＨＰ研究所

PHP新書

［政治・外交］

1274 日本を前に進める　河野太郎
1287 トランプvsバイデン　村田晃嗣
1292 タリバンの眼《め》　佐藤和孝
1297 誤解しないための日韓関係講義　木村 幹
1300 お金で読み解く世界のニュース　大村大次郎
1304 儲かる！米国政治学　渡瀬裕哉
1306 ウクライナ戦争における中国の対ロ戦略　遠藤 誉
1309 「動物の権利」運動の正体　佐々木正明
1325 台湾に何が起きているのか　福島香織
1327 政治と暴力　福田 充

［地理・文化］
592 日本の曖昧《あいまい》力　呉 善花
670 発酵食品の魔法の力　小泉武夫／石毛直道［編著］
705 日本はなぜ世界でいちばん人気があるのか　竹田恒泰
934 世界遺産にされて富士山は泣いている　野口 健
1119 川と掘割〝20の跡〟を辿る江戸東京歴史散歩　岡本哲志
1182 京都の通りを歩いて愉しむ　柏井 壽
1184 現代の職人　早坂 隆
1238 群島の文明と大陸の文明　小倉紀蔵
1246 中国人のお金の使い道　中島 恵
1256 京都力　柏井 壽
1259 世界と日本の地理の謎を解く　水野一晴
1268 韓国の行動原理　小倉紀蔵

［思想・哲学］
1117 和辻哲郎と昭和の悲劇　小堀桂一郎
1159 靖國の精神史　小堀桂一郎
1215 世界史の針が巻き戻るとき　マルクス・ガブリエル［著］／大野和基［訳］
1251 つながり過ぎた世界の先に
マルクス・ガブリエル［著］／大野和基［インタビュー・編］／高田亜樹［訳］
1289 日本の対中大戦略　兼原信克
1294 アメリカ現代思想の教室　岡本裕一朗
1302 わかりあえない他者と生きる
マルクス・ガブリエル［著］／大野和基［インタビュー・編］／月谷真紀［訳］
1332 習近平三期目の狙いと新チャイナ・セブン　遠藤 誉